高 强 编著

你应该知道的世界文学名家100人

NI YINGGAI ZHIDAO DE SHIJIE WENXUE MINGJIA 100 REN

广西人民出版社

图书在版编目（CIP）数据

你应该知道的世界文学名家100人／高强编著.
—南宁：广西人民出版社，2013.7
ISBN 978-7-219-08344-4

Ⅰ.①你… Ⅱ.①高… Ⅲ.①文学家-生平事迹-世界 Ⅳ.①K815.6

中国版本图书馆CIP数据核字（2013）第067860号

监　　制　白竹林
策划编辑　郑　洁
责任编辑　覃结玲　郑　洁
责任校对　张雪芹
封面设计　王　霞
印前制作　麦林书装

出版发行　广西人民出版社
社　　址　广西南宁市桂春路6号
邮　　编　530028
网　　址　http://www.gxpph.cn
印　　刷　广西大一迪美印刷有限公司
开　　本　710mm×1010mm　1/16
印　　张　15.5
字　　数　210千字
版　　次　2013年7月　第1版
印　　次　2013年7月　第1次印刷
书　　号　ISBN 978-7-219-08344-4/K·1435
定　　价　27.80元

序

图书市场上每年以数十万种图书的速度更新书目，其中难免充斥快餐式作品，但也不乏精品。文学作品的精品大多都是作家呕心沥血之作，又经过时间的考验，而符合这两个条件的作品亦有不少。在此，以作家对其所在的时代和后世的影响力，以及其在文学界的地位和对文学创作所作出的贡献为标准，选出这份百人名单。

在这个过程中，因为编者知识有限，难免挂一漏万，加上又受限于篇幅，不得不左右衡量，忍痛舍去介绍同样伟大的一些作家及其作品。同时，因为想讲述的中国作家也有不少，而中国的许多作家的资料还有待挖掘，其中的某些作家的作品仍有待深入研究，所以本书没有载入一位中国作家，希望能有机会另起一册，以详细记述他们的人生和作品。本书中录入的许多作家都获得了诺贝尔文学奖，在此，也特意向我国著名作家莫言表示祝贺。

说起小说的艺术和技法，似乎离我们很远，除了作家，读者似乎可以不必去在意。然而，本书却可以让我们读者能更好地理解一些作品的含义，而不只是简单地看一个故事。同时，对想从事创作的文学爱好者来说，阅读本书也是一次学习的机会。所以，在这本书中，除介绍作家的生平和代表作的梗概外，也着重介绍了作家的写作特点和一定的作品解读方式。当然，对于文学这种较为抽象的文本来说，“一千个读者就有一千个哈姆雷特”也是正常现象，所以对作品的解读也只是一家之言，仅供参考。

目录 contents

古希腊、罗马文学代表作家

英国文学代表作家

法国文学代表作家

美国文学代表作家

苏俄文学代表作家

德国文学代表作家

日本文学代表作家

其他国家文学代表作家

古希腊、罗马文学代表作家

背景简介

文学的发展在一定程度上是社会发展的客观反映。当社会高度发展时，文学则用来充实人民的精神生活，或为统治阶级服务。古希腊、罗马文学就是在这种情况下发展起来的。

古希腊的领土多为小岛，古希腊人无法以农耕方式谋生，为了生存，他们开始了海上谋生或对外侵略来获得生存空间。这种生活方式，塑造了古希腊人奔放、勇猛，富于想象的性格特征。

在对外扩张的过程中，古希腊人吸取了埃及文明、巴比伦文明、苏美尔文明等文明成就，社会得到了快速的发展。其中，东方文化对古希腊的影响非常大。这使得古希腊文学中的人物除具有古希腊人的性格外，故事也颇有东方色彩。

古希腊文学表现了当时人们对宇宙、自然和人生的思考。因为科技的落后，他们无法解释自然界中的各种神秘事件，在较为原始的心态下，形成悲观的宿命论。尽管如此，古希腊人追求自由、独立不羁、敢于与命运抗争的性格，使得他们的作品中充满诗意和波澜壮阔感。这些特征成为古希腊文学的基本精神，西方文学继承并发扬了这种精神。

古罗马文学是在古希腊文学的影响下形成和发展起来的。因为地理条件的不同，古罗马人没有海上生活的经验，始终以内陆生活为主。这使得他们品质淳朴，趋于理性，因而他们的文学以理性、严谨、凝重为特征。

主要作家

1. 荷马（约前9—前8世纪）

关于荷马的身份和身世一直没有定论，大多数学者认为《荷马史诗》是经过几个世纪的口头流传的诗作的结晶。而古希腊著名的历史学家如希罗多德、修昔底德，哲学家如亚里士多德和柏拉图则认为历史上肯定存在过这么一位伟大的诗人。根据荷马史诗的内容和语言特点，荷马可能是出生于小亚细亚西部的伊奥尼亚人，是古希腊的一位游吟诗人，最后死于爱琴海。《荷马史诗》是荷马创作的《伊利亚特》和《奥德赛》两部作品的统称，这两部作品奠定了荷马成为与维吉尔、但丁、弥尔顿齐名的欧洲四大史诗诗人之一（也有“之首”之说）的地位。

荷马的作品特点

作品辞章华丽，妙语迭出，经常使用精彩而生动的词和比喻。此外，因为荷马对历史、地理、考古学和民俗学方面都有一定的研究，这使得他的作品内容丰富、厚重、气势磅礴。

荷马的代表作

《伊利亚特》

故事讲述了住在伊利昂的特洛伊王子帕里斯来到希腊，骗走了斯巴达王的妻子海伦。为此，斯巴达王的哥哥阿伽门农召集了各部的首领，一同向伊利昂发起了进攻。双方在伊利昂经历了九年零十个月的鏖战都没有结果。这时，太阳神阿波罗祭司的女儿被阿伽门农俘获。因归还女儿的请求遭到拒绝，阿波罗的祭司于是祈求阿波罗惩罚希腊联军，瘟疫开始在希腊联军出现。为了防止瘟疫继续蔓延，阿喀琉斯要求阿伽门农归还女俘。阿伽门农不情愿地归还了女俘，却夺走了原来分配给阿喀琉斯的另一个女俘，阿喀琉斯在愤怒之下拒绝参战。失去了阿喀琉斯的阿伽门农接连战败，为此，阿伽门农请求阿喀琉斯参战，阿喀琉斯余怒未消，并不同意。眼看就要全军覆没，阿喀琉斯的好友上阵参战，虽然挽回了失败的命运，但却被伊利昂城主赫克托耳杀死。为给好友报仇，阿喀琉斯决心出战，并杀死了赫克托耳。伊利昂老城主为赫克托耳举行了盛大的丧礼，双方就此休战。

史诗以赞赏的笔调描绘英雄们为部落而战的精神，赞许他们高超的武艺和惊人的智慧。

《奥德赛》

史诗讲述了奥德修斯在用木马计攻克伊利昂城，结束了这场历时十年的战争后，乘船归国。在归国的旅途中，因为受到各种天神的捉弄，奥德修斯在海上看到许多亡人的灵魂，听到过女妖迷惑人的歌声，又被女神加里普索留了七年，前前后后耗费了十多年的时间才回到国内。

在他不在国内的这段时间里，大家都以为他已经死了，国内的权贵逼他的妻子改嫁，并霸占他的王宫。奥德修斯回来后在雅典娜的帮助下，化装成为乞丐进入宫中，与儿子一同杀死了为非作歹的权贵，重新恢复了他在伊萨卡的权力，一家人也得以团圆。

通过奥德修斯还乡后的种种经历，史诗着重表现了奴隶制萌芽时期争夺和维护私有财产的斗争。

2. 埃斯库罗斯（约前 525—前 456）

埃斯库罗斯出生于希腊阿提卡的埃琉西斯，他的家族是一个古老的贵族。在很小的时候，埃斯库罗斯便喜欢上戏剧以及阿加索克利斯和阿波罗多罗斯的诗，并时常出演戏剧。25岁时，埃斯库罗斯参加了雅典的诗人比赛，虽然没有获胜，但却让他对诗歌有了更高的追求，潜心创作。

此后，埃斯库罗斯参加了马拉松战役和萨拉米海战。公元前475年埃斯库罗斯在西西里岛与诗人西摩尼得斯和品达相会，一同探讨诗歌创作。三年后，埃斯库罗斯回到雅典，根据他对战争的经验和体会而创作的《波斯人》在那里获得公演。这一出戏为他赢得了诗人比赛的最高奖，直到四年后，他才输给了索福克勒斯。

埃斯库罗斯在最后一次去西西里岛的归途中丧生。他一生获得了十三次雅典诗人比赛的最佳奖，被称为“悲剧之父”。

埃斯库罗斯的作品特点

埃斯库罗斯是第一个在话剧中引入第二个演员的剧作家，相应的，他的话剧也有了对话这一形式。戏剧中的主人公不再是普通人，而是在历史上有重要地位的人物，这些人物有着坚强的意志和刚毅的性格。因为人物选择的不同，注定了戏剧内容更为有力、高雅，而对话也设计得更为简洁、生动。

戏剧情节并不复杂，但矛盾冲突十分尖锐，抒情色彩浓厚。悲剧几乎都是三部曲，虽然仍有结构松散、剧情发展缓慢的早期古希腊悲剧的特点，但结构已经较为完整，是戏剧史上的一大进步。

埃斯库罗斯的代表作

《被缚的普罗米修斯》

普罗米修斯和他的母亲一同帮助宙斯登上王位，此后，为了帮助人类，普罗米修斯盗取火种送给人类，并向人类传授了各种技能。这惹恼了对人类漠然置之的宙斯，宙斯决定惩罚他，将他钉在高加索悬崖上。他不能动弹，并遭受了种种折磨。

此后，宙斯爱上河神的女儿伊娥，天后赫拉知道后，便让牛虻来对付伊娥。无奈，伊娥向先知普罗米修斯求助。普罗米修斯告诉她，她必须离开祖国，遭遇种种磨难，但最终会与宙斯在达尼罗提斯的三角洲建立一个家庭，而他们所生的孩子中，有一个人会将宙斯赶下王位，并解救他。

宙斯听到了这番话，命令普罗米修斯告诉他，他与谁的婚姻会招致他被篡权。但普罗米修斯表示除非宙斯放了他，否则他什么都不会说。戏剧的结尾，预示着被触怒的宙斯将对普罗米修斯进行更为严酷的处罚。

史诗在普罗米修斯与不义之神的层层对比中，突显出了普罗米修斯为了正义的事业，甘愿忍受无穷痛苦的崇高精神。

3. 索福克勒斯 （约前496—前406）

索福克勒斯出生于雅典西北郊的克罗诺斯。童年时代的索福克勒斯便接触到了良好的教育，对音乐、舞蹈、体育都有过学习，并表现出了杰出的音乐才能，这对他此后的创作和人生产生了深远的影响。

成年后的索福克勒斯因其英俊的长相和音乐天赋而成为朗诵队领队少年。进入政界后，他又先后出任以雅典为盟主的“提洛同盟”的财政总管，担任过两次将军职务，并担任过祭司一职。在从政期间，索福克勒斯仍坚持创作诗歌，并在二十七岁第一次参加悲剧竞赛时，便战胜了埃斯库罗斯。此后的二十年里，在悲剧创作方面无人能出其右，获过二十四次奖。索福克勒斯一生创作了一百二十三个剧本，有七部剧作流传至今。

索福克勒斯的一生充满荣誉，几乎没有什么波折。斯巴达战争期间，索福克勒斯不幸辞世，战争对方因此休战，直至索福克勒斯的遗体荣归故里。

索福克勒斯的作品特点

作品以个人意志与命运之间的冲突为主题，被称为“命运悲剧”。戏剧创作技巧高超，戏剧情节错综复杂，戏剧结构具有高度的严整性。在戏剧中很少出现神，而强调人文精神，体现了对于人的人文关怀，剧中人物都是敢于向命运挑战的悲剧英雄。戏剧中的对白进行了精心的安排，充满韵律。

索福克勒斯的代表作

《俄狄浦斯王》

忒拜城郊遭到瘟疫的肆虐，娶了先王寡妻伊俄卡斯忒的俄狄浦斯接到神示，要将城内的污垢清除出去，严惩杀害先王的凶手，瘟疫才会消失。俄狄浦斯起初认为他的妻舅克瑞翁便是杀害先王的凶手，在与克瑞翁发生纠缠后，俄狄浦斯的妻子出来劝架，王后告诉俄狄浦斯，根据先知所说，先王将被他的儿子杀死。俄狄浦斯得知后大惊，因为先知曾告诉他，他将亲手杀死自己的父亲。但从先王遇难而死的情形来看，他似乎并不是俄狄浦斯所杀，两个人这才松了一口气。

不幸的是，先知的预言已成真。俄狄浦斯并不是科林斯王的儿子，而是先王忒拜老王的儿子。因此俄狄浦斯不仅杀了自己的父亲，还娶了自己的母亲。得知真相后，王后羞愧自杀，而俄狄浦斯则刺瞎了自己的双眼。

通过这个悲剧，诗人集中突显了人与命运的冲突，亚里士多德称其为“十全十美的悲剧”。

4. 欧里庇得斯 （约前480—约前406）

欧里庇得斯出生于阿提卡一个贵族家庭，家庭给他最大的财产便是一个具有庞大藏书量的藏书室，在那里他对诗歌和哲学进行了深入而系统的研究。

在诗歌和哲学的影响下，欧里庇得斯很早便开始尝试写作，除了服兵役的时期，欧里庇得斯拒绝在政府部门任职，专心进行创作。公元前455年，欧里庇得斯第一次参加诗歌比赛，却惨败而归，这次的打击使他沉寂了很长时间没有创作，而选择了继续埋头研究。直到公元前441年，欧里庇得斯再次参加比赛，并获得了头奖。

因为希腊当局将欧里庇得斯的好友阿那克萨哥拉——自然哲学家中第一个提出月亮上的光是反射太阳的光——赶出希腊，欧里庇得斯一气之下，创作了为好友抱不平的《阿尔刻斯提斯》。此后，他又向苏格拉底等哲学家求教，这使得他的作品中充满哲学意味。

欧里庇得斯因为为毫无地位的妇女、受到剥削的奴隶等弱者说话，而受到广泛拥护，但也触怒并威胁到了当局。因此当局将欧里庇得斯驱逐出了希腊。最终欧里庇得斯客死于马其顿。因为马其顿政府拒绝归还欧里庇得斯的尸体，希腊人只好在郊外为他立了一块称赞他的石碑。

欧里庇得斯的作品特点

作品取材于日常生活，通常包含了两大主题：对宗教信仰的怀疑——他相信人的命运终将取决于自己的行为；家庭悲剧。欧里庇得斯创作了一种新型的悲剧，其中夹杂了浪漫和闹剧的成分，并对人物心理进行了探讨。作品语言华美、流畅，十分自然，充满诗意。欧里庇得斯是首个在戏剧中使用平民的通俗语言的作者。戏剧中辩论和说教的内容显得冗长，这使得剧情有些乏味。但这些哲学思辨的内容，也使得作品有了更深刻的含义。

欧里庇得斯的代表作

《美狄亚》

科尔喀斯城国王的女儿美狄亚爱上了来到科尔喀斯城里取金羊毛的忒萨利亚城邦国王埃宋的儿子伊阿宋。为了爱情，美狄亚背叛了家庭，甚至杀死了弟弟，与伊阿宋回到忒萨利亚。当他们回到城内时，发现伊阿宋的父亲已被杀害，伊阿宋的王位也被篡夺。美狄亚帮助伊阿宋报了杀父之仇。新国王的儿子将他们两个人驱逐出城邦，有了两个孩子的夫妻二人开始了流亡的生活。

在新的国家里，伊阿宋娶了国王克瑞翁的女儿而抛弃了美狄亚，国王怕美狄亚害自己的女儿，决定将她驱逐出境。不甘心就这么被抛弃的美狄亚施计害死了国王和国王的女儿，而为了不让自己的两个孩子被杀害，她干脆亲手杀了他们。当伊阿宋前来责备她的狠毒时，她已乘坐龙车逃离了。

在这出悲剧中，欧里庇得斯对以美狄亚为代表的，在婚姻中遭到不公待遇的妇女寄予了同情，抨击了男子的不道德和自私自利。

5. 维吉尔 （前70—前19）

维吉尔出生于意大利北部曼图亚附近的一个富裕农家，在父亲的资助下，维吉尔前往米兰、罗马、那不勒斯等地学习，最终完成了大学程度的教育。在上学期间，维吉尔对诗歌产生了兴趣。

公元前42年，维吉尔创作了《牧歌集》，并结识了梅赛纳斯，在梅赛纳斯的介绍下，维吉尔认识了奥古斯都。在维吉尔生命的最后十年里，他将全部精力都放在了创作《埃涅阿斯纪》上，这部作品的创作甚至得到了奥古斯都的关注，并要求让他先睹为快。当维吉尔向奥古斯都念长诗的前几卷时，奥古斯都的妹妹甚至激动得晕倒。

为了完善作品，维吉尔专程前往他书中的场景进行考察。在回程的路上，维吉尔遇到了奥古斯都，他们一同返回。但那时的维吉尔身体已经十分孱弱，病痛折磨，加上旅途的奔波极大地消耗了他的体力。公元前19年9月21日，他回到意大利不久，便告别了人世。

维吉尔的作品特点

作品在音韵的和谐感上达到了完美的高度，充满音乐的美感，诗作中具有很强的画面感。人、命运、情感、死亡，是永恒的主题。作品永远地改变了拉丁语诗歌的形式，也极大地影响了后世的诗人和学者。

维吉尔的代表作

《埃涅阿斯纪》

特洛伊被攻陷后，埃涅阿斯背负着特洛伊的希望，为了重建一个伟大的城邦而离开了特洛伊。离开的途中，埃涅阿斯一行人历经瘟疫、恶浪、旋涡、妖魔的侵袭。在路上，埃涅阿斯了解到赫克托耳的遗孀所经历过的种种遭遇，而坚定了要重振城邦的信念。为此，他甚至拒绝了爱情，经历了部分成员的叛变，但在父亲亡灵的指点下，埃涅阿斯见到了未来的城邦——罗马的辉煌，这让他再次有了前进的动力。当他抵达拉丁姆地区，国王根据神意，决定把女儿嫁给他，然而遭到另一个求婚者鲁图利亚国王图尔努其的反对，以致引起了战争。特洛依人作战失利，埃涅阿斯提议作战双方停止战斗，由他与图尔努斯单独决斗以定战争胜负，最终他获胜，完成了心愿。

在这部史诗中维吉尔没有采用口头文学的形式，而是采用了“文人史诗”的形式，这是史诗创作的一大进步。同时，史诗在具有强大的故事性的同时，也具有很强的隐喻，对人物也着重进行了刻画。

英国文学代表作家

● 文艺复兴时期文学

背景简介

一般来说，文艺复兴时期是从 14 世纪到 17 世纪初，从意大利兴起。“文艺复兴”即为希腊罗马的古典文学的重生，也是西欧各国的民族文化的新生。

因为英国远离欧洲大陆，并经历了英国历史上最动荡不安的时期，直到内战结束后的 15 世纪，文艺复兴才来到英国。随着古典文学作品及《圣经》的重获生机，英国的文艺复兴开始了。

英国的文艺复兴时期，基本上是指 1500 年至 1660 年间的英国文学，这个时期涌现出莎士比亚、斯宾塞、马洛、培根及多恩等一大批文学巨匠。英国的文艺复兴在中世纪萌芽，带有 14、15 世纪特点的创作态度与情感依然贯穿在人文主义与改革时代。

人文主义是文艺复兴的核心。人文主义者通过对古代文化崭新的研究，在古希腊、罗马文明的基础上，寻求到了以“人”为中心的人文主义观念。

在文艺复兴时期，威廉·卡克斯顿引进了印刷术，并用英语印刷、出版了包括《坎特伯雷故事集》在内的一百多部书籍。同时，这也为英国开启了翻译的时代。无论古今，罗马、希腊、法国等国的经典作品都被译成英语，而后出版。

英国的文学家从这些经典作品中学习，汲取灵感，同时也不可避免地使英国文艺复兴初期阶段进入了一个学习、模仿与同化的阶段。此时，意大利的彼特拉克成为英国作家的创作源泉，并以他为榜样将文艺复兴时期的爱情诗与先前的爱情诗严格区别开来。

总体上讲，伊丽莎白时期的戏剧是英国文艺复兴的文学主流。在此之前，英国的戏剧传承了在中世纪兴起的幕间短剧与道德剧。随着古希腊戏剧的传入，英国戏剧作家将古典的艺术形式与本国的故事相结合，为戏剧艺术走向精美、成熟铺垫了道路。并涌现了马洛、莎士比亚等著名的戏剧作家，他们的作品一直流传至今。

同时，以莎士比亚为代表的诗人，使诗歌与诗剧也在这个时期得到了巨大的发展。而约翰·多恩等玄学派诗人，在作品风格上与其前辈及同时代作家产生了决裂。散文也在这个时代得到了发展。培根作为英国历史上最重要的散文家，将散文艺术发展到了一个新高度。

主要作家

6. 斯宾塞 （约 1552—1599）

埃德蒙·斯宾塞出生于伦敦，先后在泰勒商人学校及剑桥的彭布罗克学院读书，并在上学时期展露了他的文学才华。此后，斯宾塞来到英格兰北部，并在那儿与罗萨林坠入了情网。但这段感情最终以分手收尾，斯宾塞将失恋的哀痛写进了《牧人月历》。

斯宾塞在好友西德尼的帮助下，结识了不少上流人士，其中包括伊丽莎白女王一世的宠臣莱斯特伯爵。在莱斯特伯爵的帮助下，斯宾塞来到爱尔兰，成为威尔顿格雷勋爵的秘书。1586 年，斯宾塞因为在工作方面的出色表现而获得英国政府的奖励——位于爱尔兰的基尔格尔摩城堡及其周围的迷人景区。当斯宾塞与伊丽莎白结婚时，他写出了他们婚礼中最美的一首赞美诗——《新婚喜歌》。

1598年，爱尔兰人民发起了反抗英国的民族起义，住在爱尔兰的斯宾塞也惨遭殃及。他的古堡被起义者烧毁。为了躲避灾祸，斯宾塞带着全家人仓皇逃回英格兰。

虽然逃过了这场灾难，但这件事仍给斯宾塞留下了严重的精神创伤，致使他再也无法胜任任何工作。斯宾塞不得不靠酒精来麻醉自己。第二年，斯宾塞在威斯敏斯特的一个酒馆买醉时不幸身亡。

斯宾塞的理想主义，对美的热爱以及精美优雅的诗文韵律使他成为“诗人中的诗人”。在不少英国批评家眼里，斯宾塞是英国最伟大的诗人之一，足以与他并肩的，只有莎士比亚、弥尔顿与华兹华斯等人而已。

斯宾塞的作品特点

作品以长诗见长，并在其中注入崇高的道德纯洁性和严肃性。诗歌中，使用各地方言和已经被废弃的词汇，构建出完美的韵律、罕见的美感、奇妙的想象，同时，这些词汇也使其作品具有浓郁的乡土气息。

斯宾塞的代表作

《仙后》

在这部诗作中，斯宾塞创作了十二个各具不同美德的英雄，并将他们分别安置在全诗的十二卷本中。这十二位英雄先后在葛罗丽亚娜的旨意下，踏上各自的历险征程。征程中充满了龙、女巫、施了魔法的树、巨人、角斗的骑士及城堡。而与仙后陷入情网的亚瑟是这所有英雄中的英雄，他拥有所有十二种美德，并与这十二位英雄一起经历磨难，成为全诗的一个整体线索。

这是当时最伟大的史诗之一，全诗充斥着来自古希腊、古罗马作品和意大利、法国等国浪漫传奇中的人名、地名。这些因素使该诗具有浓烈的历史和文化情调。在这首以激烈的战斗和忠贞的爱情为主旨的史诗中，斯宾塞塑造了他理想中的、遵守道德规诫的绅士或贵族。

7. 培根 （1561—1626）

1561年1月22日，弗兰西斯·培根出生于伦敦，父亲是伊丽莎白一世女王的内务总管。培根从小便受到良好的贵族教育，学业之路非常顺畅，先后就读于剑桥大学和格雷法学院，并最终进入政界。从政期间，培根与女王宠臣艾萨克斯结交，但当后者谋反事发，培根力主判其死刑。

在詹姆士国王当政期间，培根达到了事业的巅峰，成为内务总管掌玺大臣，后来又当上了英国大法官，被封为子爵。但培根为官期间经常受贿、贪污，这为他的仕途埋下了隐患。

1621年，培根被人告发受贿。在法庭上，培根只承认收过礼物，并不认为这是受贿。虽然培根最终被判刑，但在国王的干预下，他还是被释放了出来。不过，培根的仕途也就此终结了。

培根在他的宅邸度过了他一生最后的五年。而正是这五年成为他文学和哲学创作的全盛时期。他一心创作由六部分内容组成的《伟大的复兴》，因为内容过于庞大，他只完成了《学术的进展》和《新工具论》。在这五年里，培根为自己的理论做着各种实验，以求完成一部最为权威并厚重的百科全书。其间，他还创作了优美的散文集《论说文集》。

1626年，培根在研究冷热理论的时候，支气管炎复发，并因此而病逝。

培根的作品特点

随笔简洁有力，开创了英国文学史上随笔创作的先河，具有里程碑的意义。经常使用隐喻，并注意语感的顺畅，内容丰富，引人入胜。相比较而言，早期作品比较刻意、做作，晚年的风格则变得圆滑、灵动，更具说服力。

培根的代表作

《学术的进展》

这是一部关于教育的伟大作品。培根在作品中阐述并赞扬了知识的重要性，并对知识进行了辩护，并不认为其违背了宗教的信仰。在作品中，培根将人类的认识与学问分为三部分：基于人类回忆的历史学、基于人类想象力创造力的诗歌与基于人类理性的哲学。

《论说文集》

散文集中涉及的话题从治国术到个人行为，教导了贵族青年们如何办事有效率，如何进行成功的社交生活。同时，培根认为自然界的法则是人类行为和思想的道德准则，而不是人制定的法则。在创作过程中，培根借鉴了蒙田简洁而灵活的写作方式。

8. 马洛 （1564—1593）

1564年3月，克里斯托弗·马洛出生在坎特伯雷，父亲是一名鞋商。勤奋好学的马洛靠奖学金完成了学业，并进入剑桥大学深造。在剑桥大学学习期间，马洛开始了他的文学创作，并在毕业前，完成了剧作《帖木儿》。该剧演出后获得了巨大的成功。早期的成功，使马洛颇为自负，过起了放荡不羁的生活。

拿到学士学位后，马洛来到伦敦。在那里，马洛因其放纵的生活态度，结识了许多跟他一样狂妄的不法之徒。在文艺复兴思潮的影响下，他创作了剧作《浮士德博士的悲剧》。之后，马洛还为政府做过秘密差使。可以说，马洛的一生是充满传奇的。

1593年马洛被指控为异教徒。同年5月30日，马洛在酒店与人发生口角，在械斗时被杀，年仅二十九岁。

马洛是当时“大学才子派”（莎士比亚之前英国人文主义戏剧家的总称）中最富才华的人。在短暂的一生中，马洛创作了六部剧本、两首诗，并翻译了古罗马诗人奥维德的《爱的艺术》。

马洛的戏剧，虽然在戏剧结构上远不如莎士比亚，但他对戏剧发展的贡献是不可磨灭的。为此，他被后世尊为英国戏剧的先驱。

马洛的作品特点

完善了之前虽被使用过，但效果非常死板的无韵体诗。运用修辞和夸张的语言为这种诗体注入了新的激情，使其成为英国戏剧中最主要的文体形式。

戏剧中的英雄勇于面对各种挑战，并对权力、知识和荣耀进行永无止境的追求，这些特征是文艺复兴精神的体现。虽然这些英雄在与巨大的势力抗争中，都以死亡的悲剧告终，但他们为了胜利而战并且绝不屈于命运的英雄气概是对英国悲剧发展的重大贡献。

马洛的代表作

《浮士德博士的悲剧》

这是一部关于灵魂的悲剧。故事取材于德国传奇，讲述了渴求各方面领域的知识的魔法师浮士德博士在“无限的知识”的诱惑下，将灵魂出卖给魔鬼。作为回报，浮士德博士可以得到魔鬼二十四年的帮助，并可以施展魔术。因为他背叛了上帝，因此遭到诅咒，最终被魔鬼劫往地狱。

该剧肯定了知识在征服自然和实现社会理想中的伟大作用，赞扬了人对知识、力量和欢乐的热爱。但在当时的残酷道德秩序下，人们追求知识需要付出巨大的代价。而人类所要面临的最残酷的现实便是“时间”。

9. 莎士比亚（1564—1616）

1564年4月23日，威廉·莎士比亚生于英国中部斯特拉特福。莎士比亚一家曾颇有名望，但终因父亲的破产而落魄，莎士比亚也因此被迫辍学，做起了生意。而镇上优美的自然环境，和生活在那里的人民成为莎士比亚最好的老师。

莎士比亚在十八岁时娶了年长他好几岁的安妮，两人育有三个孩子。虽然家庭和睦幸福，但这也使得莎士比亚的生活压力日益繁重。五年后，为了养家糊口，莎士比亚离开了家乡，来到伦敦。

在伦敦讨生活的莎士比亚不辞辛苦，既做演员又做编剧。很快，他的编剧才华便得到了业界的称赞，并被当时的"大学才子派"之一的罗伯特·格林称为"一颗骤起的新星"。

莎士比亚的早期作品以历史剧为主。从1589年开始的两年间，莎士比亚创作了九部历史剧，内容涵盖了从13世纪到15世纪这段时间内英国发生的包括英法百年战争等大事。这些作品在刻画历史事件的同时，也流露出莎士比亚对祖国的热爱和崇敬之情。

1591年，莎士比亚的才华得到了南安普顿勋爵的赞赏，南安普顿勋爵成为他的保护人。在南安普顿勋爵的引荐下，莎士比亚体验了贵族的文化沙龙，对上流社会有了更进一步的认识。为了表达对勋爵的感谢，莎士比亚创作了《维纳斯与阿多尼斯》《鲁克丽丝受辱记》两首叙事诗献给勋爵，也曾为勋爵写过一些十四行诗。

1597年，名利双收的莎士比亚，在斯特拉特福购置了一套最大的庄园，并于三年后隐居于此。隐居期间，莎士比亚仍坚持创作，直至1616年4月23日去世。

莎士比亚的艺术观点、文学形式及语言技巧方面对后世文学的影响是无可估量的。其创作生涯可分为三个时期：早期（1590—1600），以写作历史剧、喜剧为主，创作了《亨利四世》上、下篇和《亨利五世》等九部历史剧，《仲夏夜之梦》《威尼斯商人》等十部喜剧和《罗密欧与朱丽叶》《裘力斯·恺撒》等三部悲剧。中期（1601—1607），以写悲剧为主，创作了《哈姆雷特》《奥赛罗》等七部悲剧，《一报还一报》《终成眷属》等四部喜剧。后期（1608—1612），以写传奇剧为主，创作了《暴风雨》《冬天的故事》等四部传奇剧和《亨利八世》一部历史剧。

莎士比亚的作品特点

（1）十四行诗的特点：

诗歌所倾诉的对象是年轻男子而非女子。美好时光和事物的消逝，是诗歌的常见主题。同时，作品在赞美生活的同时，对衰亡也有着敏锐的意识——任何事物都抵挡不住时间的毁灭力。相比之下，作品表达了对诗歌的永恒性的坚信。

（2）戏剧特点：

在情节上并没有太多的独创性，而是将旧时的戏剧、故事、古希腊和古罗马的文学素材整合在一起，在极短的时间内浓缩这些情节和矛盾，使得戏剧充满悬念并紧凑。

作品中的人物既具有所属阶层人群的普遍特征，也有各自的个性。各个人物的特点通过人物的独白、人物之间的比较和对照等技巧方式表现，从而更加鲜明、生动。在创作喜剧时，采用了讽刺的手法，而女扮男装和让一些不明真理的角色做出愚蠢的事，则是屡试不爽的营造喜剧效果的手段。

将现实和幻想进行了淋漓尽致的展现，充分反映了人的天性与社会现实。真、善、美则是永恒的主题。

拥有巨大的词汇和习语的存储量，并善于创造新词和对旧词进行意义转换，使得作品时常能给读者和观众带来新鲜感。

莎士比亚的代表作

《罗密欧与朱丽叶》

在一次宴会上，蒙太古家族的罗密欧与凯普莱特家的独生女朱丽叶一见钟情。当他们两个人意识到彼此家族为世仇后，在神父的帮助下，两个人在修道院里结为夫妻。

可惜，在他们刚结为夫妻不久，在一次街头斗殴中，罗密欧的朋友被朱丽叶的堂兄刺杀，罗密欧为朋友报仇，杀死了朱丽叶的堂兄。经过审判，城市的统治者决定驱逐罗密欧。

罗密欧在神父的劝说下，不得不离开了城市。此时，帕里斯伯爵前来向朱丽叶求婚。凯普莱特家族非常赞成这门婚事，并让他们立刻成婚。

深爱着罗密欧的朱丽叶去寻求神父的帮助。为了帮助这对有情人，神父答应给朱丽叶一种药，可以造成她假死的现象，在四十二小时后才会醒来。同时神父派人去找罗密欧，让罗密欧去埋葬朱丽叶的地方找出假死的朱丽叶，两个人一起双宿双飞。朱丽叶依计行事。不幸的是，在送信人见到罗密欧之前，罗密欧已得到了朱丽叶自杀的消息，连夜赶到城内。

在朱丽叶的墓穴旁，罗密欧杀死了阻拦他的帕里斯伯爵，挖出了朱丽叶的尸体。悲痛欲绝的罗密欧一心想与朱丽叶在一起，便在吻了朱丽叶之后，饮毒自尽。当神父赶来时，面对的只有罗密欧和帕里斯伯爵的尸体，此时，这里的人逐渐增多，神父为了避嫌，离开了现场。醒来后的朱丽叶见到罗密欧的尸体，无法接受这个事实，也拔剑自杀了。

悲剧发生后，神父向蒙太古家族和凯普莱特家族讲述了发生在罗密欧和朱丽叶身上的故事，两个家族的家长悲痛之余，也消除了对彼此的仇恨，并在城中为罗密欧和朱丽叶各建了一座金像。

这部戏颂扬了对爱的忠贞及对幸福的追求。尽管是个悲剧，但字里行间充满了乐观的精神。

《哈姆雷特》

丹麦王子哈姆雷特的父亲突然去世，不到两个月，他的母亲便与国王的弟弟——新的国王克劳狄斯结婚了。父亲去世，母亲再婚，自己也没有继承王位，这一连串的打击让哈姆雷特深受刺激。

本来就怀疑父亲死因的哈姆雷特得知父亲的灵魂出现在城上，为了查明灵魂的真假，哈姆雷特来到城上，果然见到了父亲的灵魂。父亲告诉他克劳狄斯是如何害死他，篡夺王权，霸占嫂子的。父亲让哈姆雷特一定要为他报仇。

为了不让克劳狄斯发现他的复仇计划，哈姆雷特装疯卖傻，同时，他也不得不疏离他深爱的奥菲利娅。哈姆雷特性格忧郁，总是在采取行动和深思熟虑之间进退两难。这使得他的复仇计划总是迟迟得不到彻底的施展，反而给了克劳狄斯害他的机会。

经过一番波折，虽然哈姆雷特杀死了克劳狄斯，但他自己也因为被克劳狄斯设计陷害而中毒去世。

在该剧中，莎士比亚成功地塑造了陷入艰难困境，个人命运与国家命运息息相关的贵族英雄哈姆雷特。莎士比亚戏剧化地展示了他所处的世界，让人们感受到个人与社会邪恶力量之间的尖锐冲突，并感受到莎士比亚理智的现实主义精神。

10. 弥尔顿 （1608—1674）

约翰·弥尔顿于1608年12月出生于伦敦的一个清教徒家庭，父亲是一名学者型商人。弥尔顿从小受到很好的古典教育，刚满十岁就能写出一些不错的诗歌。也因为他经常学至深夜，对他以后的身体影响极坏。

青年时代，弥尔顿就读过圣保罗学校和剑桥大学。大学毕业后，弥尔顿回到父亲在乡村的住处，潜心研究语言、文学、科学、神学和音乐。为了拓宽视野，弥尔顿特意进行了欧洲之旅。

当旅游至意大利时，弥尔顿听说英国国内阶级矛盾日益严重，随时可能爆发战争。以“为人类自由而战”为己任的弥尔顿立刻放弃了旅行和写诗的计划，回到了英国。在此期间，弥尔顿完成了《快乐的人》《沉思的人》《科马斯》《列西达斯》等作品。

回到伦敦以后，弥尔顿全身心地投入到政治运动中，写出了大量的拥护人民自由的政治性小册子。在随后的时间里，弥尔顿分别出版了攻击英国新闻审查制度的《论出版自由》，主张处死查理一世的《偶像的破坏者》，为此迎接共和与革命的到来的《为英国人民声辩》。

1649年，国王查理一世被斩首。弥尔顿因其在政治运动中的表现，当选革命领袖奥利弗·克伦威尔成立的新政府的拉丁文秘书。上任后，弥尔顿连续三年间不辞辛劳地写出了大量捍卫共和国的文章，终使他积劳成疾，双目失明。即便如此，弥尔顿仍采用口述的方式继续工作。雪上加霜的是，不久之后，弥尔顿的妻子便因病去世，留给他三个孩子，最大的也不过六岁。

1660年，查理二世王朝复辟，弥尔顿受到迫害，被没收财产，还一度被监禁，经马韦尔等人的求情才被释放。至此，他所有为人权而战的努力与牺牲都化作了废品，著作亦被焚毁，生活十分贫困。但弥尔顿并未对此感到愤怒或哀伤，他重拾早年的"创造流芳百世的史诗"的梦想，并着手开始创作。

此后，弥尔顿闭门居家，因双目失明，只好采取口述，由他的女儿或来访的朋友代写的方式进行创作。就是在这种艰苦的情况下，弥尔顿于1665年完成了《失乐园》（1667年出版），次年又开始创作《复乐园》。六年后，他最后一部重要作品，一部希腊式的古典悲剧《力士参孙》问世。1674年11月8日，弥尔顿与世长辞。

纵观弥尔顿的一生，无论写诗或作文，他都做到了他说过的一句话："欲在今后写好高尚事物而不至于一事无成，首先本人应是一首真正的诗，即最好最高贵的东西的组合和模式……"

弥尔顿的作品特点

弥尔顿深受希腊古典文学和拉丁文学的影响，作品是其对《圣经》等素材进行了自由、大胆和富于想象的加工而形成的。着重强调了宗教与美德在训练道德判断力方面的重要性，“为促进真实和实质性的自由之进步作贡献，这种自由不应从外部而应从人的内心去寻求”。

弥尔顿的代表作

《失乐园》

在被上帝打入地狱后，一心想复仇的叛逆天使撒旦，附身于蛇的身上，引诱对自身欲望困惑和饥饿的夏娃偷吃了上帝禁吃的善恶树上的果子。之后，天地为之改变，人与上帝之间也产生了罅隙。上帝得知真相后，惩罚撒旦成为只能用肚子爬行、钻洞吃土的长虫，将人类赶出了伊甸园。

当惩罚来临时，亚当自觉地选择了人类的爱情，放弃对上帝的服从。正视这种“错误”行为体现了亚当的伟大之处。虽然人类的沉沦是最大的悲剧，但同时，在沉沦中也发现了人性。

作者在长诗中赞扬资产阶级革命者反抗封建专制的斗争，撒旦成为反抗精神的化身。

《力士参孙》

作品取材于《旧约·士师记》。作品中，以色列人在被迫害的情况下，仍坚持自己的理想，这也象征了弥尔顿追求真理的一生。力士参孙在敌人的残暴和奸诈之下，被妻子出卖，又被敌人挖掉了眼珠，但他仍坚持革命，最终与敌人同归于尽。这个故事既是弥尔顿生活经历的写照，也表现了阶级革命者奋斗到底的决心。

●新古典主义时期文学

背景简介

英国文学的新古典主义时期是从1660年的斯图亚特王朝复辟到1798年华兹华斯和科勒律治合著的《抒情歌谣集》为创始标志的浪漫主义时期为止。

这段时间内，英国社会矛盾交织，既有阶级之间的矛盾、教派之间的矛盾，也有统治阶级的内部矛盾和党派之间的斗争。在这些矛盾下，注定了这是一个充满了多种矛盾和多种价值观的时代。

18世纪的英国发展迅速，到该世纪中叶，已成为世界上的头号资本主义强国。随着经济的迅速发展，中产阶级也随之壮大起来。中产阶级的社会价值观和道德观占据了主宰地位，他们崇尚自制、自立和勤劳。

这一时期，启蒙运动在英国全面展开。该运动的目的是用现代哲学和艺术观启迪社会。启蒙主义者宣扬理性、平等与科学，宣称理性是人类一切思想和行动的唯一的终极的目标。

启蒙主义运动最终发展成为推崇古希腊和古罗马著作，以及法国经典著作的新古典主义。为此，新古典主义者确立了新的创作标准：散文必须简洁、直白、通顺、灵活；诗歌必须抒情、壮美、有教义、讽喻、富于戏剧性，每一种诗体都有自己的一套创作原则。新古典主义作家自觉地追求均衡、统一与和谐表达的优雅，从而形成了雍容、雅致、诙谐、睿智的文风。

在18世纪的最后几十年中，新古典主义的创作观念趋向于理性，并在作品中弥漫了叛逆和伤感的风格，有了浪漫主义的影子。新古典主义也因此慢慢退出了历史舞台，但其在文学史上创立的格式、结构和语言，仍在文学历史的发展中有着不可忽视的影响。

主要作家

11. 班扬 （1628—1688）

1628年11月30日，约翰·班扬出生于英国贝德福德郡附近，他的父亲是一名补锅匠。因为出身贫苦，班扬并没有得到什么正规教育，但这并不妨碍班扬非凡想象力的形成。

十六岁时，班扬参加了克伦威尔旗下为了议会而战的军队，与保皇派的军队之间爆发了一场内战。通过这场战争的洗礼，班扬对战争进行了深入的思考。班扬将这场具有宗教和政治双重性质的战争，在他的《天路历程》中的几个有关战争的场景中艺术地反映出来。

1653年班扬加入了不奉国教的新教会。五年后，班扬成为牧师，开始传教生涯。查理二世复辟后，王室重新成为英国的统治者，随之而来的是对英国国教的绝对效忠。议会也从支持清教徒转变为支持国教。这样，国王和议会基本上达成了共识，承认英格兰教会为英国唯一的合法教会。议会规定，只有接受英国政府的管理，并在英格兰教会登记的注册牧师才可以领取布道许可证，进行合法布道。

在这种情况下，新教会的处境日趋艰难。但班扬仍坚持四处传教，一次，当他在一家农场进行布道的时候，警察以无执照布道的罪名将他逮捕。在审判时，班扬拒绝发誓永不传教，为此，他付出了十二年牢狱之灾的代价。

1672年，为了复兴罗马天主教，新国王决定释放所有持异见者，企图让这些持异见的不同团体之间产生更多的纠纷，逐步削弱彼此的势力。在这种背景下，班扬也获得了释放。三年后，班扬再次因相同的原因被捕。在此期间，班扬写下了代表作《天路历程》，该书于班扬获释后的1676年发表。

1688年，班扬因冒雨前去劝说一位父亲与被赶走的儿子和好，而得了重感冒，不幸因此病逝。

班扬的作品特点

以《圣经》为范本，以细致的观察，生动的文笔展现了当时的生活场景，这使得作品虽然通篇充满寓言，但并不抽象，充满生活气息。提出人们应该遵从《圣经》中提到的条律生活，并否定了教会对圣经的解读。宣扬了“人只有通过自己的精神奋斗才能获得最终的救赎”的观点。在传达这一观点时，因为生动的叙述和鲜明真实的情节，而没有让人感到艰涩高深，每一个读者都可以享受到阅读的乐趣。

班扬的代表作

《天路历程》

该书以寓言方式，讲述了一个虔诚的基督徒从充满堕落与邪恶的世界到天国城的历程。

书的第一部分讲述了一名基督徒在传道者的指点下，逃出了即将遭遇焚毁的城市，前往天国，为自己和他人寻求救赎。在去往天国的路上，基督徒遇到各种凶险、诱惑，并在这个过程中学会了如何克服困难，抵制诱惑。最终，基督徒成功地到达了天国，天堂之门为其打开。

作品的第二部分，讲述基督徒的妻子“女基督徒”和孩子们在一个叫作“无畏”的人的指引下，前往天堂朝圣的过程。他们一路上遇到的艰难险阻与基督徒遇到的如出一辙，唯一的不同在于，在第一部中，基督徒是独自一人完成了旅途，而在第二部中，前往天国道路上的这个团体逐渐壮大。

故事教导人们遵循基督教教义的同时，还紧扣时代的脉搏，告诉人们通过不断挑战自身弱点，抵御外在的邪恶来获得救赎。

该书通过丰富的想象和生动有趣的记述，不失教义地传达了“生命与旅程”这一隐喻的主旨。本书也因此被认为是英文作品中最成功的宗教寓言。

12. 笛福 （1660—1731）

1660年，丹尼尔·笛福生于伦敦一个卖肉商人的家庭，虽然没有上过大学，但他在一家不信奉国教的学院中受到了良好的教育。年幼时，笛福便经历过瘟疫和火灾，以及母亲去世等各种灾难的打击。毕业后，笛福在教堂任职，二十岁后开始了他不成功的从商生涯。

1688年，笛福开始撰写政治小册子，因其揭发当时社会的黑暗，而屡遭政府的镇压，甚至被捕入狱。这些文章给他的生意和人身都带来了灾难，笛福只好转向小说创作，并因《真正的英国人》的出版而有幸与英王威廉三世成为朋友。威廉三世去世后，笛福创作了《消灭不同教派的捷径》，被当局关押了六个月，后在辉格党首领哈利的干涉下，才获得了释放。

后来，在哈利的帮助下，笛福创办了集政治与文学于一体的期刊《法国时事评论》（该刊于1713年停办），并亲自撰写期刊上的所有文章。

1719年，笛福创作了他的第一部长篇小说《鲁滨孙漂流记》，该书出版后大获成功。后来笛福又创作了：《辛格顿船长》《摩尔·弗兰德斯》《杰克上校》《罗克萨娜》《鲁滨孙漂流记》第二、第三部，以及描写1664到1665年大瘟疫的《大疫年日记》。但这些小说并没有将他带入当时有名的文人圈内。他所获得的名声和财富在他经商失败所欠下的债款面前仍十分无力。因此，笛福的晚年都是在贫困中度过的。

笛福被称为英国启蒙时期现实主义小说的奠基人，被誉为“英国与欧洲小说之父”。

笛福的作品特点

作品生动地反映了人为了自己的生存和发展，在与大自然和社会环境的斗争中所表现出的自立、勤奋、耐心、坚韧、节俭。因为作品生动地再现生活中的细节，因此，虽然故事具有传奇性，但仍十分可信。同时，作品根据情节的需要，不时改变语言风格，以符合大众的口味。作品对中产阶级的勤劳和坚强进行了赞扬，同时也对清苦人民表达了深深的同情。

笛福的代表作

《鲁滨孙漂流记》

鲁滨孙是一个一心开拓、不安于稳定的人，因此，他离家出走，出海闯荡。在一次海难中，他来到了一座荒岛上。在那里，他靠自己的双手和头脑不仅活了下来，还打造了一个世外桃源。在岛上，鲁滨孙从一群来到岛上的野人手中救了一个叫“星期五”的土著人，两个人结下深厚的友谊。此后，鲁滨孙继续了他冒险的生活，并最终得到了可观的财富，成功回国。

小说描写了天真无邪的少年鲁滨孙在受到了无数坎坷的磨炼后，成长为精明而饱经沧桑的成年人的经历。其中，鲁滨孙与恶劣的大自然和残酷的生存环境间的斗争，是小说中最精彩的部分。

小说中，鲁滨孙代表了一个典型的英国18世纪中产阶级人士。在与自然环境作斗争的过程中，他勤劳、忍耐，具有惊人的毅力，并在困难面前永不低头，这些中产阶级的良好品质得到了充分的展现。

鲁滨孙是帝国缔造者的原型，是殖民者的先驱。他在岛上生活时，所体现出的人类的力量和清教徒的毅力，是他活下去的条件。从这方面来看，鲁滨孙也代表了每一个努力改造、利用大自然的普通人。

小说歌颂了18世纪西方物质文明的胜利以及人类征服自然的理性力量。

13. 斯威夫特 （1667—1745）

1667年11月30日，乔纳森·斯威夫特生于爱尔兰都柏林的一个英国家庭，家庭社交范围很广，但没有什么财富。在他出生前七个月，他的父亲便去世了。在叔叔的资助下，斯威夫特一直念到大学毕业，就读于都柏林三一学院。

大学毕业后，斯威夫特为一名远亲——退休的外交官威廉·邓波儿爵士

做了十年的私人秘书。在此期间，斯威夫特博览群书，并将他原本笼统的思想进行了系统的梳理，同时，斯威夫特也发掘了自己写讽刺散文的天赋。从邓波儿爵士与许多著名政治家交往的过程中，斯威夫特认识到了政治世界里的各种阴暗面。结束了秘书工作后，斯威夫特回到家乡当了一名牧师。

1704 年，斯威夫特针对宗教和学术界的腐败出版了两篇犀利的讽刺小品文：《一个澡盆的故事》《书的战争》。这两篇作品奠定了他在讽刺作品中的地位。后来，斯威夫特卷入了伦敦辉格党与托利党之间的党派斗争，最终受到托利党首领的器重，担任了该党《考察报》的主编。

政府为奖赏斯威夫特的功绩，指派他成为都柏林圣帕特里克大教堂的主教，由此他又成为一名受欢迎的牧师，同时，他积极支持并投入到争取爱尔兰独立自由的斗争中，成为爱尔兰人民反抗英国统治的领袖。

晚年的斯威夫特将自己大部分的积蓄用于各种慈善事业，并为弱智者盖了一所圣帕特里克医院。同时，斯威夫特遭受到病痛的折磨，以致头昏耳聋，而他可交往的朋友甚少，加之亲人去世，这使他的晚年生活十分孤独。因此，他更加痴迷于写作，借此打发孤寂的时光。

1745 年 10 月 19 日，斯威夫特辞世，葬于圣帕特里克大教堂。

斯威夫特的作品特点

作品对人性的理解十分深入透彻。斯威夫特认为人性永远有着严重的瑕疵，虽然通过启蒙，人性会有所改善，但要想使人脱胎换骨是很难的。在这种想法的影响下，其作品提倡的不是谴责，而是采取行动改良人性与人为的机构，但时常还是会流露出绝望与愤懑。

作品用词简单精准，行文朴素，没有复杂的句子。善于营造严肃、客观、公允的气氛，从而使讽刺更加尖锐辛辣，令人信服。

斯威夫特的代表作

《格列佛游记》

主人公格列佛是一名在船上工作的外科医生。在一次海难后，他接连来到四个不同的岛国，分别是：岛上居民只有六英寸左右的利立浦特岛；国王身高有六十尺的巨人岛；与世隔绝，充满各种不规则事物的勒皮他飞岛；由马统治的高度文明，没有贪婪，没有欺骗，没有战争，没有陷害，就像生存在幻境中似的慧骃国。慧骃国的族民因为排斥人类的“撒谎”和“贪婪”，所以格列佛并不受欢迎，不久便被驱逐了。

在海上，格列佛得到一个商人的帮助，终于回到了英国。虽然被慧骃族驱逐，但格列佛十分向往和喜欢这个国家的良好品质，所以回国后，格列佛对人类也开始厌恶起来。最后，格列佛买了两匹马，天天与他们相处以度晚年。

该书共分为四卷，对当时的英国乃至欧洲在社会、政治、宗教、哲学、科学以及道德等生活的各方面作了最有效、最辛辣的批判与讽刺。它具有重大的社会意义，同时对人性的探索与揭示也是深刻的。

作品的四卷构成了一个有机的整体，四卷之间有着相对的独立性。同时，每一卷与其他三卷互为补充，对所表达的人性和社会生活的各个方面进行了充分的展现。

14. 菲尔丁 （1707—1754）

1707年，亨利·菲尔丁出生于英国西南部格拉斯顿伯里附近的一个贵族家庭。他曾在著名的伊顿公学读书，在那里，菲尔丁博览古典文学著作，培养了超凡的鉴赏力和理解力。此后，菲尔丁进入荷兰的莱顿大学学习，但因与父亲闹翻，父亲决定不再资助他的学业，这使他不得不退学，早早地开始了自立生活。

菲尔丁在二十二岁时开始戏剧创作，并用了八年的时间创作了二十五部戏剧，均遭禁演。后来，他拥有了一家属于他自己的小剧场。他的戏剧作品多为喜剧和讽刺剧，针砭时弊，嘲讽的对象多为政府及其官员们，尤其是首相沃波尔。因此，菲尔丁得到民众的喜爱的同时，也免不了遭到政府的憎恨。

1737年，议会通过了“政治审查制度”并予以实施，封闭了大批剧院，菲尔丁的剧场也没能幸免，他的戏剧创作生涯便就此结束了。三年后，菲尔丁获得律师资格，并被录用。但这份工作仍不足以让他养家糊口，为此，菲尔丁又担任了三家刊物的编辑，并开始了小说创作。

1748年，菲尔丁成为伦敦威斯敏斯特区司法行政官，对社会的各个方面都有了深入的了解，为他的小说创作提供了丰富的素材。六年后，菲尔丁因病去世。

菲尔丁一生穷困，因而对穷苦的人民极为同情，在作品中，对社会不公及政治腐败进行了大力抨击。因菲尔丁为现代小说模式的创立作出了很大贡献，他被一些人尊为“英国小说之父”。

菲尔丁的作品特点

菲尔丁是第一个在理论与实践上创作了“散文体滑稽史诗”的作者，并为现代小说确立了结构与风格。小说情节既保留了古典作品中壮观的史诗风格，又对现实生活进行了客观真实的描述。作品语言通俗流畅，对生活的刻画生动而活泼，句子富有逻辑性和韵律性。作品里的情节充满悬念、巧合，结局出人意料，但故事的发展却又合情合理，均是水到渠成，顺理成章，毫无雕琢的感觉。

作品通过引人入胜的对话使笔下的人物个性鲜明，有趣的同时也富有生活感。在真实地展示现实生活的同时，作品也不时用夸张的语言描写那些平凡、愚蠢，有时令人觉得可笑的人，从而把现实生活戏剧化，增加了小说的娱乐性。在保持娱乐性的同时，小说巧妙地将说教植入其中，旨在教导人们在纷杂的生活中认识自己，并有一个适宜自己的人生定位。

菲尔丁的代表作

《汤姆·琼斯》

汤姆·琼斯是一名弃儿，父母不详，所幸被乡绅奥尔华绥收养。成年后的汤姆·琼斯为人轻浮，但生性善良。不久后，奥尔华绥的妹夫不幸去世，奥尔华绥收养妹夫的儿子布力非。布力非生性阴险，很会讨奥尔华绥的喜欢。布力非将琼斯当作眼中钉，不时地找他的麻烦，欺负他。

琼斯与邻居的女儿索菲亚相爱，经过一些挫折，他们的感情与日俱增。而布力非因为贪图索菲亚的家财，也展开了对她的追求，琼斯则成了他不得不除去的一个阻碍。布力非想方设法陷害、诋毁琼斯，使其终于被奥尔华绥驱逐出家。无路可去的琼斯前往伦敦寻求生计。奥尔华绥与邻居决定让索菲亚与布力非结婚，索菲亚深夜带着女仆离家出走，投奔伦敦的亲戚。

在伦敦，落魄的琼斯陷入淫荡贵妇贝娜斯登夫人的圈套，致使他和索菲亚之间的关系日益恶化，索菲亚甚至与他断绝关系。而布力非为了彻底铲除琼斯，也来到了伦敦。一时间，各种阴谋轮番在琼斯的身上上演，琼斯差一点因为谋杀罪被处死。

最终，琼斯的身世和布力非的阴谋被奥尔华绥得知，布力非被赶出家门，而琼斯和索菲亚则终成眷属。

小说的主人公汤姆·琼斯曾一度成为全英国人民心中的英雄。人们喜爱他，因为他身上有许多人性的美德——诚实、善良、高尚、忠诚、勇敢，同时也有着易冲动、鲁莽和野性难驯的缺点。从某种意义上说，他代表着每一个普通人，人必须经过艰苦的磨炼以获得对自身的认识，从而完善自我。

这部小说被认为是菲尔丁最杰出的作品，为他赢得了“散文荷马”的盛名。小说描写了二十多个地方，刻画了四十多个人物，为读者提供了一幅英国18世纪乡村与城市的宏伟的全景图。

15. 谢里丹 （1751—1816）

理查德·布林斯利·谢里丹出生于爱尔兰都柏林，父亲是演员兼剧院老板，祖父是斯威夫特的知心好友，母亲是剧作家，也是小说家。家庭的熏陶，使谢里丹对喜剧产生了兴趣。少年时期，谢里丹在哈罗公学受过良好教育。

1770年，全家定居巴斯，在那里他与著名的女歌手林莉相爱，但他们的

爱情之路并不平坦，先是情敌中伤林莉，两个人不得不私奔到法国。林莉的父亲得知他们的事情后，激烈反对这门婚事，从法国将林莉带回家里，并关起了林莉的禁闭。谢里丹的父亲也反对这门婚事。经过两年的争取，谢里丹终于娶到了他的心上人，但谢里丹的父亲并没有参加他们的婚礼。这段经历对谢里丹的成名作《情敌》有非常大的影响。

虽然林莉的收入颇丰，但谢里丹并不希望妻子再登舞台，迫于生计，谢里丹开始写作戏剧。

1775 年，谢里丹的《情敌》搬上舞台，首演并不成功，换了主角后，第二次演出竟使这部戏起死回生。此后一年里，谢里丹上演了三部戏剧，名声大噪，收入颇丰，不久便拥有了自己的剧院，并加入了塞缪尔·约翰逊的文学社。当他的《造谣学校》搬上舞台时，再次引起轰动，使他大发其财。

谢里丹事业的辉煌随着 1780 年他当选议员起才真正开始，一直延续了二十九年，最终随着一场大火而走向衰落，在那场大火中，谢里丹的大剧院化为灰烬。三年后，谢里丹又因为没有足够的钱参加下一届竞选，而不得不退出竞选；同年又因欠债而被捕。

1816 年，谢里丹因脑科疾病去世，死时贫困而孤独。他被葬在威斯敏斯特教堂，葬礼十分隆重，拜伦为他写了著名的《吊谢里丹》。

谢里丹是英国 18 世纪著名的戏剧家。他的代表作《情敌》《造谣学校》被认为是上承莎士比亚，下接萧伯纳的纽带。

谢里丹的作品特点

作品中情节组织精当，角色性格鲜明。在技巧方面，则对制造误会、戏剧反语等方法运用得十分精巧，而充满灵气的对话使得作品更受欢迎。

作品十分关心当时的道德问题，并无情地抨击社会上的各种不良现象。

谢里丹的代表作

《造谣学校》

戏剧讲述了约瑟夫和查尔斯两个兄弟的故事。善良的查尔斯与梯泽尔爵士的女儿玛丽娅相恋的同时，施尼威尔夫人也爱上了查尔斯。为了与查尔斯在一起，施尼威尔夫人唆使约瑟夫去追求玛丽娅，并与约瑟夫一同向梯泽尔爵士讲查尔斯的坏话。约瑟夫在答应施尼威尔夫人的要求的同时，却与梯泽尔爵士的新婚妻子发生关系。当约瑟夫与梯泽尔爵士夫人通奸时，东窗事发，约瑟夫伪君子的面目第一次暴露在众人面前。

就在这个时候，兄弟二人的叔叔从印度归来，为了日后遗产的分配，叔叔特意化装考验兄弟二人。当叔叔要买查尔斯的画时，因为画是查尔斯和叔叔在一起的场景，查尔斯拒绝卖给叔叔，叔叔因此被打动。而约瑟夫则拒绝帮助化装成穷亲戚的叔叔，叔叔因此看清了他的伪善，而决定将遗产留给查尔斯。

获得丰厚遗产的查尔斯也最终获得了玛丽娅的芳心，约瑟夫则名誉扫地。

通过这部戏剧，谢里丹对英国贵族的道德败坏，在满口道德的表面下满是虚伪和堕落的现象进行了辛辣的讽刺。

●浪漫主义时期文学

背景简介

18世纪末、19世纪初，苏格兰农民诗人罗伯特·彭斯的抒情诗自然生动、感情真挚，讽刺诗尖锐锋利、妙趣横生，给英国诗坛带来一股新鲜的气息。威廉·布莱克在诗歌中建立起自己一套独特的神话体系，具有神秘主义色彩。布莱克的革命性、独创性和复杂性使他成为浪漫主义诗歌的先驱。

1798年，威廉·华兹华斯与塞缪尔·泰勒·柯勒律治合作出版的《抒情歌谣集》标志着英国浪漫主义文学的真正崛起。英国文学史上最伟大的浪漫主义作品有不少都产生于激进与传统相冲撞的18世纪末，这时英国又面临着新的发展动力，即1789至1794年的法国资产阶级大革命和英国内部的工业革命，使社会矛盾彻底转变成工人阶级与资产阶级的矛盾。

浪漫主义运动则表现出对工业革命时期显存的社会经济制度及城市资产阶级地位上升的否定态度。

新古典主义认为人是社会性的动物，而浪漫主义则认为人最基本的应是独立自由的个体；新古典主义者们强调人与人的共性，而浪漫主义者们强调每个人与众不同的个性与思想。因此，可以说浪漫主义其实是将人们的注意力从外部世界——社会文明转移到内部世界——人类自己的精神实质。

简而言之，浪漫主义就是将人的个体作为整个世界与生存的中心。同时，浪漫主义者们还认为文学艺术就是以人为本，表述人的独特情感与人生态度，描绘人的各种经历。

浪漫主义者们还体现了强烈的民族精神，保护着本民族诗歌与戏剧的文化传统，进而反对古典主义者们推崇他国古时的经典。

浪漫主义时期是诗歌的时代（浪漫主义诗歌无论在理论上还是在实践上都影响巨大，是同时期的散文和小说无法比拟的），也是伟大的散文的时代。

当时小说的主要类型有两种：哥特式小说和历史小说。哥特式小说也是浪漫主义运动的一部分，它盛行于浪漫主义前期的18世纪末，以对人性阴暗面及非理性因素的描述，对浪漫主义时期产生过不小的影响。

历史小说的出现主要归功于司各特，正是他的努力才使历史题材进入了小说领域。在司各特的笔下，重大的历史事件和人物配上合适的历史场景又栩栩如生地展现在人们的面前，历史小说当时曾十分流行。此外，这个时期也有一些诗剧作品诞生，但其光彩比起诗歌和散文，还是略逊一筹。

1832年，司各特的去世及议会第一个改革提案的通过，标志着浪漫主义时期的终结。

主要作家

16. 布莱克 （1757—1827）

1757年，威廉·布莱克出生于伦敦一个爱尔兰裔小商人家庭。幼年时，布莱克因为不喜欢学校的压抑气氛而拒绝入学，这使他没有接受过正规的教育。但他显示出非凡的绘画才能，因而被送入一家美术学校。十四岁时，布莱克拜著名雕刻家詹姆斯·巴塞尔为师。此后，布莱克进入皇家艺术学院深造。与此同时，布莱克以雕刻谋生，通过与书籍雕印插图而开始与出版社打交道。在布莱克的一生中，他都身兼诗人与雕刻家两重角色。

1825年开始，布莱克深受疾病的折磨，他期望在有生之年完成但丁的《神曲》中的插图工作，并为此忍痛工作，直至去世的前几天，布莱克仍坚持作画，遗憾的是这一愿望至死都没有实现。

1827 年 8 月布莱克与世长辞。

在英国文学史中，布莱克是第一位重要的浪漫主义诗人，但他的一生却默默无闻，直到他去世后，他的作品价值才得到公认，并名闻天下。

布莱克的作品特点

早期作品多以欢乐、爱情及和谐为主题。尽管后来的作品改变了创作风格及主题，但早期的创作笔法在以后的作品中仍有所保留。通过对诗歌的形式和技巧进行执着的改革，对音部与韵尾进行多次大胆的改革试验，最终确立了新的诗歌风格，并与之前的诗歌传统彻底决裂。

诗歌表面直白朴素，却蕴含着美丽而深远的内涵。十分注重个人的幻想而轻视理性。作品运用丰富的想象和幻想，用可视的词汇表现出所要表达的一切。大范围地使用象征手法也是作品鲜明的特征。

诗歌对当时的各种社会弊端进行了揭露，为自由而战是诗歌的主要主题。

布莱克的代表作

《天真与经验之歌》

诗歌先从“天真”的角度，表述了一个愉快而纯洁的世界，尽管这个世界中也偶有苦难与罪恶。“烟囱清扫者”中的苦难儿童，父母双亡，被残酷剥削，却还心存幻想，把自己最后一线信任放在了他所生活的社会制度上。在《扫烟囱的孩子》的结尾写道：“我们就起来拿袋子、扫帚去做工。大清早尽管冷，托姆的心里可温暖；这叫作：各尽本分，就不怕灾难。”这一切都能激起读者的强烈感受。

作为对比，又从“经验”的角度描绘了一个截然不同的世界，一个充满苦难、贫穷、疾病与战争的世界，在笔调上也极为忧伤压抑。

通过两部分的内容，反映了诗人的思想和创作从孩子般的天真状态走向成熟的苦涩历程。

17. 华兹华斯（1770—1850）

1770年4月7日，威廉·华兹华斯出生于英国北部的一个小城，父亲是一名律师。年少时华兹华斯便表现出了在文学方面过人的天赋。同时，华兹华斯对大自然也非常热爱，经常到大自然中采风。

法国大革命爆发时，华兹华斯认为他看到了自由世界的曙光，为此，他只身前往法国，并在那里生活了一年多。而英法之战，使同情法国革命事业的华兹华斯心碎不已。但接下来的几年中，法国雅各宾政府的恐怖统治及对欧洲其他国家的侵略，完全表明了其对自由的渴望已被对帝位的渴望所取代。华兹华斯的幻想就此破灭，渐渐转为了保守主义。早年对大自然的热爱，则持续影响着他的文学创作。

1797年起，华兹华斯进入了长达十年的诗歌创作的旺盛期。同年，华兹华斯结识了柯勒律治，两人成为知心密友，并合作完成了具有跨时代意义的《抒情歌谣集》。此后的两年里，两位诗人与华兹华斯的姐姐在德国旅行，归国后，他们在英国最迷人的大湖区定居。因为诗人骚塞也居住在那里，三人成为了著名的“湖畔诗人”。

1843年，华兹华斯压倒骚塞，成为“桂冠诗人”，巩固了其伟大诗人的地位。

1850年4月23日，华兹华斯辞世。

华兹华斯开启了现代诗歌的序幕，开创了运用日常生活语言写诗的新道路，并号召人们回归自然。

华兹华斯的作品特点

大自然和人们的日常生活是诗歌中描写得最多的内容。华兹华斯洞悉周围事物，并将其细致入微地剖析给读者。作品一反当时对诗歌形式的过分重视、粉饰事实和了无生趣的学院派诗法，追求简洁朴素的风格，真实地反映普通人的生活经历。在这种追求下，诗歌具有纯净和深远之美。

华兹华斯的代表作

《序曲》

许多评论家认为这是华兹华斯最伟大的作品，是继弥尔顿《失乐园》后，最伟大、最具独创性的长诗。这是一部关注精神危机与痊愈的个人成长史。华兹华斯的人生哲学：生命似轮回的旅程，生命之始也恰恰是生命的终结之处。这一思想贯穿整首长诗。

长诗始于一个文字旅行，用隐喻的手法表现了他内心的发展历程及对失落的自我与精神上的归宿的渴求。诗歌从童年讲到成年，向读者展示了想象力与自然之美结合后，人们心智的发展。

18. 司各特 （1771—1832）

沃尔特·司各特出生于苏格兰爱丁堡的一个没落贵族家庭，父亲是位律师，母亲是医生的女儿，司各特从母亲身上得到不少灵感。不到两岁时，司各特患上了小儿麻痹症，致使跛足，终身残疾。父母将他送到住在苏格兰山区的远房祖父的庄园上疗养。因为地处偏远，不仅利于司各特疗养，还使他有机会接触到古老的苏格兰氏族传统和丰富的民间文学。

身残志不残的司各特并没有让疾病束缚他的自由，他一生坚持户外运动，甚至擅长骑马、打猎。

1783年，年仅十二岁的司各特进入爱丁堡大学读法律，并在那里接受了许多哲学和文化方面的熏陶。大学毕业后，司各特当了八年的律师。在这期间，爱好文学的司各特克服身体的种种不便，在苏格兰的远郊、荒凉地区搜寻民间文学和民歌民谣。

在苏格兰启蒙运动和法国大革命的影响下，司各特对当时苏格兰盛行的雅各宾主义坚决反对，并于1797年组建了一支由中产阶级组成的骑兵志愿队。他们对外抵抗法兰西的入侵，对内震慑国内支持法兰西的工人们。由于志愿队的英勇和显赫的功绩，1799年司各特被选为苏格兰塞尔扣克郡的副郡长。

此后，司各特历经两年将他采集的民间歌谣汇编成三卷的《苏格兰边区歌谣集》，这一经历为他后来的文学活动奠定了基础。

1806年，司各特成为爱丁堡高等民事法庭庭长，并一直担任到死。担任庭长期间，司各特利用业余时间，创作了大量颇受欢迎的诗歌，但始终被拜伦的锋芒遮蔽。无奈之下，司各特转为创作小说——小说在当时被看作是给低俗的人看的，因此，直到1827年，司各特都没有在作品上用真名署名。

1826年，司各特因其投资的印刷厂倒闭而债台高筑。为了还债，司各特不停地创作，虽然还清了债务，却累垮了身体，于1832年不幸去世。

司各特的作品特点

作品深刻剖析人性，将苏格兰壮丽的风景和独立坚强的民族性格，在浓郁的历史气氛下完美烘托出来。同时，作品并不是单纯地记录历史，而是在创作过程中加入了司各特的个性和想法，使历史有了丰富的解读。因此，司各特也被誉为历史小说的创始人。

司各特的代表作

《艾凡赫》

该书是英国中世纪骑士文学代表作之一，也是司各特最出名的作品。小说记述了英雄艾凡赫为了赎出被诺曼人俘虏的理查，筹集赎金的同时，还经历了几场恶斗。

其间，艾凡赫因为爱上罗文娜而被父亲逐出家庭。在比武大赛中，艾凡赫成为了冠军，因此，艾凡赫有权力命名一名女子为“爱与美的女王”。艾凡赫将这个名称给了罗文娜。在次日的比武大赛中，艾凡赫身受重伤，幸运的是，他被犹太人以撒和他的女儿丽贝卡所救。不幸的是，他们三个人却再次被捕。为了拯救丽贝卡，艾凡赫决定为丽贝卡参加一次决斗，如果他能赢，丽贝卡就将获得释放。最终，这场决斗以艾凡赫的胜利而结束。艾凡赫得到了父亲的原谅，与罗文娜喜结良缘。而丽贝卡则与父亲远走他乡，继续寻找新的幸福。这一部分使得这部小说热闹而动人。

在对当时的社会进行了客观描述的同时，司各特还融入了民间狂欢的元素，比如狂欢式的喜剧人物，在狂欢节中所涉及的“复活”、“假面”、“换装”等元素，也在小说的情节设置上有所展现，这些元素表达了对狂欢节中所体现的自由平等的精神的向往。作品揭露了当时社会的黑暗的同时，也反映了当时的阶级矛盾，对当时的宗教统治和严格的等级观念、社会权威进行了嘲弄和批判。

19. 柯勒律治（1772—1834）

1772年，塞缪尔·泰勒·柯勒律治出生于德文郡的一个农村牧师的家里，九岁时父亲去世，由舅父收养，并被送到寄宿学校。在那里，柯勒律治开始了八年的寄宿生活，并结识了一生的知己查尔斯·兰姆。柯勒律治小的时候是个孤单不幸，但充满幻想的孩子。他于十九岁时进入剑桥大学学习，但不久便厌倦了那里的日子，变得游手好闲，负债累累，麻烦不断，虽然完成了学业，却未能获得学位。

大学毕业后，柯勒律治在法国住过一段时间，极度认同法国大革命，认为这场革命体现了人性的完美。但回到英国后，舅父对他的政治生活不满，并为此不再接济他。被激进派的理想主义所感动的柯勒律治，投奔诗人骚塞，他们想要在美国建立一个“乌托邦”式的社会，但并未成功。

1797年，柯勒律治与华兹华斯相识，并成为挚友。在华兹华斯的影响下，他的创作潜力得到了激发，开始了诗歌写作生涯。柯勒律治具有极高的天赋，迅速就进入了创作的黄金时期，在此期间，他创作了《古舟子咏》《忽必烈汗》等代表作。次年，柯勒律治和华兹华斯同游德国，两年后回国，一同定居于湖畔区。为了缓解自己的风湿病和因为婚姻裂痕而导致的痛苦，柯勒律治开始吸食鸦片，创作力和想象力因此衰退。为了戒毒，他在马耳他居住了两年。再次回国后，柯勒律治多次举办有关文学与哲学的讲座，尤其是以莎士比亚为主题的讲座最为成功。而他与华兹华斯的友谊则因为一次严重的争吵而宣告结束。

1813年，柯勒律治创作的悲剧诗《悔恨》在特鲁里街成功演出。三年后，柯勒律治在詹姆士·吉尔曼医生的提议下，住在了吉尔曼医生提供的住处，进行戒毒治疗。在这期间，他完成了他重要的散文《文学传记》，其中，他纳入了他关于诗歌的本质的理解和文艺评论。文中，对华兹华斯的评论也尤为精彩。

撰写和讲授文学论题占据了柯勒律治的晚年生活。在政治上，柯勒律治也曾支持过法国大革命，他心中的世界是一个人人平等的乌托邦式的社会。他的晚年却激烈反对人权，反对雅各宾主义，坚持认为政府就应该由上等富人阶层组成来统治其余的人。《政教宪法》是他最后的散文作品。

柯勒律治被同时期的诗界所尊崇，至今也被奉为第一流的抒情诗人与文学评论家，是19世纪浪漫主义文学与哲学的代表。

柯勒律治的作品特点

作品精于推敲文字，对语言要求严格，主张诗歌最终是要通过美给人以愉悦。诗作分为两类：神祇诗和对话诗。

神祇诗的特点是神秘与想象并在。诗歌的背景设在诗人的记忆与梦幻之中，故事的发生、发展丝毫不受理性的羁绊。这类诗歌的创作目的是将诗人自觉的意识与神祇的宽恕相调和。

对话诗直接地表现了“归家的渴望”，不是单纯地怀旧，而是向往一种“进步了的童年”。这里每一首诗都近乎一种赎罪，即诗人认为自己必须失败或遭受痛苦，才能使他爱的人获得成功或幸福。

柯勒律治的代表作

《古舟子咏》

在这首诗中，讲述了一名老水手的历险故事。水手在一次航海中故意杀死一只信天翁（水手们认为它是象征好运的鸟），灾难顿时笼罩了他的船，水手因此遭难，受到了精神和肉体上的种种折磨。最后，水手深刻忏悔，并祈求海蛇破开魔法，才获得了拯救，驾船归家。

在叙述中，柯勒律治刻意渲染复杂的氛围，用心描绘时间与背景以及道德教化的意义。

在这首诗中，柯勒律治认为宇宙大观不是人们理性信仰的反映，而是人们非理性的恐惧与内疚的反映。

《克里斯特贝尔》

作品讲述了邪恶的蛇去攻击少女克里斯特贝尔，使其陷入灾难之中。各种超自然的神力、动物的哀嚎使得作品充满哥特式的恐怖氛围。而与这些阴暗恐怖氛围所相对的，则是作者心中圣洁的爱情。这首诗歌是浪漫主义诗歌中最为玄奥难懂的作品。

20. 简·奥斯汀 （1775—1817）

1775年12月16日，简·奥斯汀出生于斯蒂文顿的一个牧师家庭，从小便受到了严格的教育，并在家庭图书馆中涉猎大量18世纪的文学与哲学书籍。奥斯汀的一生休闲平静，社交范围较小。她的作品都以匿名的形式发表，她常在自己家客厅的一张小桌上进行写作，有客人来，便将书稿遮盖起来。她不承认出版过小说，因为当时社会对女性文学有所歧视。

奥斯汀有过一次恋爱，但终因钱财制约了这段恋情，此后，男方娶了一位有钱的女孩，并当上了爱尔兰高等法院的王座庭庭长。奥斯汀仍深爱着对方，终身未嫁。

1796年，奥斯汀开始写作《第一印象》，次年完成，但未能出版。奥斯汀将作品做了精心修改，书稿改名为《傲慢与偏见》，直到1813年才得以出版。出版后获得一致好评。

奥斯汀于1797年写作《理智与情感》，经历了十四年的漫长等待才得以发表，却成为她首先出版的小说。此后，奥斯汀的出版之路一路顺畅，先后发表了《傲慢与偏见》《曼斯菲尔德花园》《爱玛》《诺桑觉寺》《劝导》。

就在写作事业到达巅峰的时候，奥斯汀却得了一种肾上腺疾病，医生对此束手无策。奥斯汀于1817年去世。

尽管奥斯汀主要生活在19世纪，她的作品发表时，哥特主义、伤感主义和浪漫主义思潮已开始占据英国文坛，但她仍然是一位属于早期现实主义流派的作家。从时间上，她属于19世纪，但从道德观念和散文风格上，她却仍属于18世纪。

她的作品中透出一股坚定的信念——理性战胜情感，理性与常识的价值战胜感伤的、哥特式的、浪漫的倾向。

简·奥斯汀的作品特点

题材狭窄。因为奥斯汀从不在超越自己能力范围的领域中创作，所有素材都是她最熟悉的，因而她能够将人物性格与内心冲突刻画得很准确、细腻，这一点是其他小说家无法匹敌的。

奥斯汀在创作前，对小说中所要涉及的情节和场面，人物之间的关系尤其是恋爱中的关系都进行了仔细的研究，使其具有逻辑性、合理性并具有普遍意义。在她的小说中，女主人公总是处于恋爱的主动地位。

作品中的人物并不经历危急时刻，而是被家长里短的生活琐事包围。这一写作特点，也使得作品展现了那一时期英国乡村中产阶级的生活全貌。

作品运用其特有的语言处理技巧使作品不乏尖刻的评论和巧妙的对白，语言幽默，妙趣横生，各种人物跃然纸上。作品的典型主旨是在错误的幻象打破后以及吸取了许多教训后获得的成熟。

简·奥斯汀的代表作

《傲慢与偏见》

小说的主题是婚姻与爱情，全书或详或略地介绍了五门婚事。在一次舞会上，单身贵族宾利爱上了班纳特太太的大女儿简。而简的妹妹伊丽莎白则对宾利的好友达西的傲慢态度十分不满，宾利也表示对伊丽莎白没有多大的兴趣，两个人就此互为讨厌。但不久，达西便改变了对伊丽莎白的看法。

此后，因为诸多误会和财产所产生的矛盾，伊丽莎白对达西的误会日益加深，而达西对伊丽莎白则是有情有义。最终经过一番周折后，两个人走到了一起。

小说通过这几门婚事的对比，表达了奥斯汀对婚姻的看法：爱情与财产是构成婚姻幸福的两要素，缺一不可。

另外，“傲慢与偏见”也是书中所讨论的重点。如果说良好的人际关系是我们生活的主要任务，那么首先我们必须具有良好的判断能力。按照奥斯汀的观点，人们的第一印象往往是有失偏颇的。

21. 拜伦 （1788—1824）

1788 年 1 月 22 日，乔治·戈登·拜伦在伦敦一个古老的贵族家庭出生。父亲野蛮荒淫，不负责任；母亲身体羸弱，多愁善感。拜伦继承了父母情感上的共同点。在拜伦三岁时，父亲去世，他与母亲相依为命，在苏格兰过着贫苦的生活。十岁时，拜伦继承了家族的世袭爵位及产业。

后来，拜伦先后在哈罗公学与剑桥大学就读。尽管他天生跛足，但他却长于体育，尤其是游泳。雪莱曾说，拜伦所做的一切都受到他跛足的影响，为此他一生都在恼火中度过。

1807 年，拜伦出版了诗集《懒散的时刻》，《爱丁堡评论》对这部诗集进行了无情的批驳，但拜伦也以极富战斗性的长诗《英格兰诗人与苏格兰评家》（1809年）进行了反击。这部诗集中，拜伦不仅抨击了评论家，也驳斥了当代诗歌中的保守派，辛辣地讽刺了湖畔诗人。

两年后，拜伦以世袭贵族的身份，进入了贵族院。在那里面，他虽然发言的次数不多，但所发表的言论均鲜明地表明了他自由主义的立场。此后的两年里，拜伦游历西班牙、希腊、土耳其等国家，看到了这些国家的人民发起的反侵略反压迫的斗争。拜伦深受鼓舞，并参加了希腊民族解放运动。

回国后，拜伦在上议院谋得一个席位，时时发表演说，抨击英国政府的反动统治，同情广大被压迫的人民。

拜伦以其在欧洲的游历经历而写作的早期代表作，长篇叙事诗《恰尔德·哈罗德游记》的第一、第二章，于1812年2月发表。这首诗使他一夜成名，并因此成为伦敦社交界的明星。在此后的两年中，拜伦写了不少长篇叙事诗，被编成著名诗集《东方叙事诗》，其中的主人公都是极为相似的。

与此同时，进入上议院后，拜伦因其在社交界所受的欢迎，在社交生活中的风流韵事、逢场作戏的爱情使他绯闻缠身。1815年，拜伦与安娜·密尔班克结婚。但拜伦夫人始终代表着贵族阶级的立场，这使她对拜伦的观点颇不认同。两个人的矛盾不断加深，婚后一年，两人的婚姻便陷入了危机，拜伦夫人带着刚满月的女儿回到了娘家。这件事在社交界引起了各种流言。此前受到拜伦抨击的统治阶级也借题发挥对拜伦进行了疯狂的报复。作为反击，拜伦写出了《普罗米修斯》来表示他的反抗到底的决心。但最终拜伦还是承受不了舆论的压力，于1816年离开了英国，之后再也没有回去。

离开英国后，拜伦先来到瑞士，在那里结识了雪莱。在日内瓦，拜伦写下了《恰尔德·哈罗德游记》第三章及叙事诗《齐伦的囚犯》。此后，拜伦又移居意大利威尼斯。在威尼斯的三年里，拜伦创作了诗剧《曼弗雷德》、《唐璜》的前两章、《恰尔德·哈罗德游记》的第四章与尾声。

在意大利期间，拜伦与烧炭党的爱国者们密切接触，并支持他们起义反抗奥地利对意大利的奴役，并完成了诗剧《该隐》与叙事诗《岛》。1822年，拜伦又出版了最伟大的政治讽刺诗《审判的幻景》，将讽刺的矛头指向了托利党的“桂冠诗人”骚塞。同年，雪莱不幸去世，两位伟大诗人的友情由此中止。

1823 年，共十六章的讽刺史诗《唐璜》全部完成。这时，希腊反对土耳其统治的独立战争开始了，拜伦不仅在经济上资助希腊，甚至亲自投身到这场战斗中。一年后，在恶劣的气候中坚守数月的情况下，拜伦病倒，而后不幸去世。整个希腊都为他的离去而哀悼。

长久以来，文学界对拜伦的定论都颇有争议：在英国，他被看作反常的邪恶的诗人，而在欧洲大陆，他则被冠以“自由冠军”、“人民诗圣”的美名。由于英国人对拜伦的偏见，使他死后未能与其他著名诗人埋葬在一起，直到 1969 年，偏见消失后，人们才在威斯敏斯特大教堂为他树起汉白玉墓碑。

拜伦在当时是对欧洲大陆最有影响的作家。欧洲许多著名文学家，如雨果、普希金、歌德等人都吸取了他的文学理论，并将其发扬光大。

拜伦的作品特点

作品继承了 18 世纪启蒙主义者所倡导的古典主义传统，歌颂 18 世纪的启蒙主义者，而对同时代诗坛的保守派则给予抨击，表达了对湖畔诗人平庸之态的蔑视。

作品创造了“拜伦式英雄”：高傲、神秘、反叛却带有贵族血统的人物。他们追求自由，以自己超凡的情感与能力，担负起整肃腐败社会的重担，只身反抗一切暴君统治，不论是政府里的，还是宗教及道德里的；但他们却因为脱离群众，我行我素，始终找不到正确的出路。“拜伦式英雄”面对的冲突都是叛逆的个人与腐化过时的社会制度之间的冲突。拜伦通过他们的斗争表现出对社会不妥协的反抗精神，同时反映出自己的忧郁、独孤和彷徨的苦闷，这些形象都是拜伦自身的影子，并使拜伦名扬海内外。

诗歌以神奇瑰丽的东方奇景和优雅流畅的语句而享有盛名。措辞尽管有失准确，但仍不妨碍将要描述的对象生动形象地呈现出来。为使诗歌表达得更生动，还引用了意大利讽刺英雄体诗的八行诗体。

拜伦的代表作

《恰尔德·哈罗德游记》

全诗描述了一个厌倦英国社会的感情丰富的青年遍游欧洲，寻求自由的事迹。体现了作者对自然的热爱，对暴君的憎恨，对偏远地区人民生活的关注，等等。诗中还出现了许多处对山河和海洋栩栩如生并具异国情调的描写。带着对自由的向往，对暴君的厌恶，拜伦表达了自己对被法国占领下的葡萄牙人民深切的同情，同时他还坚持西班牙与希腊人民为民族独立而斗争，他盛赞法国大革命，同时又谴责专制的拿破仑统治。他不但呼吁被压迫民族的解放，也亲自投身到这光荣的战斗中去。

《唐璜》

该诗源自一个西班牙传说，讲述了一个擅长勾引女人的多情公子。唐璜十六岁便被一个有夫之妇勾引，为了掩盖丑行而出海游历。虽然这事让唐璜吃了苦头，但他仍不改风流本性，之后又与海盗头子的女儿海蒂产生了爱情。而这次他依然不走运，被海盗头子当作奴隶卖到了土耳其苏丹的后宫。在那里，唐璜依然艳遇不断。

俄土战争爆发时，唐璜逃出后宫，参加了俄国军队。因为作战英勇，唐璜很快成了俄国女皇叶卡捷琳娜的宠臣，并作为外交使臣出使英国。

在传统观念中，唐璜是一个不道德的形象，但拜伦却不这么认为。他在给朋友的信中提到："唐璜或许荒淫无度，但这难道不是真实生活吗?"他认为唐璜体现出的勇敢、慷慨、诚恳、直白等优点在现代社会都已被忽视了。诗人通过描绘西班牙贵族子弟唐璜的游历、恋爱及冒险等浪漫故事，揭露了社会中黑暗、丑恶、虚伪的一面，奏响了为自由、幸福和解放而斗争的战歌。

该诗的讽刺主题便是事物表面与本质的关系：看上去是什么与其实是什么。拜伦在诗的末尾对英国社会的讽刺与蒲柏相比，有过之而无不及。因为拜伦讽刺的不是个人恩怨，而是整个社会的虚伪。诗中多姿多彩的素材与情感的爆发都是那么和谐，只因拜伦对生活表象与本质的不同有着更深的洞察力。

22. 雪莱 （1792—1822）

1792年，波西·比希·雪莱出生于英国苏塞克斯郡的一个富有家庭，父亲是个保守的绅士。雪莱从小就爱思考，八岁时就开始尝试写作，并出版了讽刺小说《扎斯特罗奇》。十二岁时，雪莱进入了伊顿公学学习，性格温和的雪莱并不像其他新生一样对学长及老师的虐待忍气吞声，而是敢于公然反抗，这种勇于反抗的性格伴随了他一生。

十八岁时，雪莱考入牛津大学，次年他写了一本小册子《无神论的必然》，批驳了上帝存在的说法，因此被学校开除学籍，并失去了继承财产的权利。

落魄的雪莱在两个妹妹的接济下，过了一段独居的生活，并与妹妹的同学哈丽雅特·韦斯特布鲁克相识。两个人仅见过几面，但保持通信。在一次通信中，哈丽雅特·韦斯特布鲁克告诉雪莱，她在家中受到父亲的虐待。当身处威尔士的雪莱看到信后，毅然赶回伦敦，带着哈丽雅特·韦斯特布鲁克私奔去了爱丁堡，并在那里结婚。婚后两个人住在约克。

在政治热情的驱使下，雪莱游历了英国各地，并完成了叙事长诗《麦布女王》，这首诗表达了雪莱对现实社会的态度，即反对私有制，同情劳动人民，但他将变革的必然性看成抽象的自然精神或宇宙精神的体现。

1814年，雪莱与妻子离异，与葛德文的女儿玛丽结合。英国当局利用婚姻事件对他诽谤中伤，致使雪莱不得不愤怒决定永远离开英国。

1816年，雪莱携玛丽在日内瓦旅行时，结识了好友拜伦，两人的友谊一直保持到雪莱去世。

在人生的最后四年里，雪莱在意大利多个城市间游历，并创作了包括《解放了的普罗米修斯》《钦契》等著名诗歌。但《解放了的普罗米修斯》与《麦布女王》一样，无法公开出版。而雪莱的巅峰之作《钦契》虽然得到了出版，却在英国评论界得到如潮的恶评，甚至有评论家认为它是“当代最恶劣的作品，似出于恶魔之手”。

在济慈逝世三个月后，雪莱将他对济慈的悼念之情、对造成济慈早逝的文坛和社会环境的愤慨融于挽诗《阿多尼》之中。

1822年，雪莱不幸在风暴中溺死海中，直到十天后，人们才在海滨发现了他的遗体。拜伦参与了雪莱的火化，其骨灰安置于罗马的新教徒公墓，碑文为“波西·比希·雪莱——众心之心”。

雪莱是英国历史上最伟大的诗人之一。他在狂热的革命思潮中长大，深受自由与激进派思想的影响，因而他一生都在执着地反抗社会上的残忍与不公、强权与宗教、战争与剥削。他生存的目的就是为受压迫者战胜压迫者。他信奉以革命方式推翻腐朽政府，并时刻关注各种运动。同时，他也认为罪恶不仅存在于社会制度，还存在于人的思想，即使革命成功，人们内心的罪恶根源还会毁灭革命成果。因此雪莱坚信只革命是不够的，还要逐步进行社会改革，真正在每个人心中注入善良与公正。

雪莱的作品特点

诗歌语言清晰别致，文化底蕴深厚，含有丰富的典故，并多用拟人与暗喻，将看到或感到的事物完全生动地表现出来，感人至深。诗风丰富多变，时而华丽，时而激烈，亦不失精练、简洁。诗歌的节奏明快，体现出巨大的戏剧感染力。

作品融入了雪莱独有的思考，表达了对自由的渴望及对暴政的憎恶，使读者享受诗歌的同时，也得到一些精神的启示。

雪莱的代表作

《解放了的普罗米修斯》

普罗米修斯帮助宙斯登上天帝的宝座后，宙斯企图毁灭人类。为了拯救人类，普罗米修斯从天庭偷了火种送给人类，同时传授给人以文化和各种技艺。宙斯知道后，为惩罚普罗米修斯，将他钉锁在高加索山崖上，白天派神鹰啄食他的肝脏，晚上他的肝脏又长出来，第二天神鹰复来啄食……此后，普罗米修斯的妻子为了救他，前去请求冥王的帮助。最终冥王推翻了大庭，普罗米修斯获得了拯救，而人间也步向繁荣。

这部四幕诗剧被认为是雪莱最有造诣的作品。雪莱在该剧中沿用了原著的情节，但在结尾时将和解的结局，改为普罗米修斯将宙斯赶下了宝座，宇宙也因此得到了新生。通过这一改动，表达了雪莱对人类潜能的赞颂，同时对当时资产阶级对抗封建反动势力的抗争表现出了坚定的信心。

全诗也表达了对失去自由的穷苦人民和受到约束而无法在一起的恋人们的同情。

《西风颂》

这是雪莱最著名的抒情诗。整首诗具有一种逻辑感，一种难以分析的运动感，它导向胜利的、有希望的和有信念的结语："如果冬天来了，春天还会远吗?"

这首诗语气狂热，瑟瑟寒风熄灭了一年的生机，却孕育着新春的希望。诗人希望自己也化作这西风，把他对未来的预言传遍人间。

23. 济慈 （1795—1821）

1795年，约翰·济慈出生于一个小业主家，自幼喜爱文学，当过药剂师的学徒。父母在他年少时相继去世，这对济慈的人生影响颇大。后来，济慈得到了医生执照。在行医的同时，他通读了斯宾塞、莎士比亚、荷马、弥尔顿等文学家的著作。在这些著作的影响下，济慈放弃了行医，开始了文学创作。

济慈二十一岁时在报上发表了第一部诗作《初读恰普曼译荷马史诗》。第二年，济慈出版了他的第一本诗集，受到了一些好评。其中，济慈的一首《睡与诗》，表达了他对诗歌创作的渴望。在完成了《恩底弥翁》后，济慈开始在英伦三岛之间旅游，亲身感悟大自然的壮美。但等待他归来的却是一系列的不幸：身患肺结核，兄弟去世，贫困交加，陷入与年轻女邻居范尼无望的爱情。这一连串的挫折与打击促使济慈的情感走向成熟，并在此后的几年里，创作出了大量的优秀作品。

1818年，济慈出版了长诗《恩底弥翁》，该诗以希腊神话为蓝本，记述了牧人恩底弥翁寻找热恋的月光女神的过程。济慈也以此象征了自己追求理想的过程。接下来的两年，是济慈的创作高峰，接连创作了《伊莎贝拉》《圣亚尼节前夜》等著名长诗，以及脍炙人口的《夜莺颂》《希腊古瓮颂》等名篇。

虽然济慈在文学创作上取得了成就，但他的身体状况却日益恶化。1820年，济慈开始咯血，深知自己病情的济慈不再与范尼接触，但热烈的爱恋使他每天仍给她写信，即使两人只有一墙之隔。在医生的建议下，济慈来到罗马养病，却就此客死他乡，被安葬在清教徒公墓。范尼为他服丧长达七年。

济慈的作品特点

诗歌运用丰富的想象力，将神秘的上古时期及文艺复兴时期的典故结合在一起。诗歌善于将视觉、听觉、嗅觉、触觉等感觉都转化成绝美的文字，能够写透人乃至动物的心灵。在这些特点下，作品总是色彩绚丽，意象丰富而富于美感。

富于乐感的华丽辞藻，生动逼真、寓意深刻的意象，使作品鲜明、具体。作品所写的景物栩栩如生，语言极为优雅灵秀，这方面受济慈追求美感而逃避现实的思想影响。

济慈的代表作

《希腊古瓮颂》

这首诗描绘了古瓮上被艺术家所凝固的画面，在济慈眼里，这些永恒的图画比现实生活更美。同时，济慈也借此将艺术的永恒和人类激情的短暂进行了对比。该诗从主观和客观两个角度对古瓮进行了审视，最终济慈将古瓮看作人类的朋友，同时也表达了他的思想："美即是真，真即是美。"

● 维多利亚时期文学

背景简介

维多利亚时期是指维多利亚女王由1837年6月20日执政开始到1901年1月22日维多利亚女王去世为止。

1832年，英国通过《改革法案》，标志着英国的政治权力从封建贵族阶级手中转移到了工业资本家手中。不久，大工业革命高潮迭起，各种科技发明与技术创新为国家经济带来新生力量，英国一度成为“世界工厂”，并在19世纪中期，成为世界经济第一强国。但在这繁荣的背后，是工人阶级的贫困与不幸。

在这样的时代背景下，维多利亚时期的文学，自然带有宏大与多样性的特点。它是多侧面而且复杂地从各个角度，包括浪漫的与现实的反映了人民生活中的各种巨大变化。

在这个时期，小说得到了空前的繁荣发展，并涌现出很多著名的批判现实主义的作家。虽然他们创造的角度和风格各不相同，但他们都关心贫困百姓的生活与命运，谴责并批判不人道的社会和拜金主义。这一时期，小说成为最广泛阅读的文学形式，在表达进步思想方面最具生命力和挑战性。

这个时期也产生了许多伟大的散文家，他们中的大多数与小说家一样抨击揭露社会的阴暗面，并在意识形态领域具有举足轻重的影响。他们创作了大量重要的历史事件评述、宗教论文、散文及各种主题的演讲稿，将英国的散文与文学评论发展到一个新高点。维多利亚时期的诗歌也颇为标新立异，为20世纪的现代诗歌开辟了道路。

主要作家

24. 丁尼生 （1809—1892）

1809年8月6日，阿尔弗雷德·丁尼生出生于林肯郡的一个教区牧师家庭。丁尼生幼年时便显出了诗歌才华。在拜伦风格的影响及对东方异国题材的兴趣下，十八岁的丁尼生与哥哥合作出版了《兄弟诗集》。次年，丁尼生进入剑桥大学，在大学期间加入了青年激进者的组织“使徒党”。在此期间，他出版了自己的第一部诗集《抒情诗集》，该诗集表现出的精致的构思、出色的文采及梦幻般的伤感都体现出了丁尼生作为伟大诗人的潜质。

丁尼生父亲的去世，使丁尼生未取得学位便回到了家乡。回到家乡后，他出版了《诗歌》，其中包含了多种形式的诗歌，韵律优美，想象丰富。但这部作品却遭到文学界尖刻的批评，同时哈兰姆也离开了人世。这一系列打击使丁尼生陷入消沉。此后十年，丁尼生几乎没有任何创作，潜心治疗心灵创伤。

丁尼生的《诗歌》第二卷于1842年问世，这部著作立即引起读者兴趣而大获成功。1847年，丁尼生以妇女的权利与地位为主题的无韵体长诗《公主》出版。

1850年，丁尼生进入了创作的黄金时期。这一年，丁尼生获得“桂冠诗人”的荣誉，并与多年的情人终成眷属。同年，他最伟大的作品《悼念》也问世了。

丁尼生的晚年十分安详，并仍创作出不少佳作。短篇抒情诗《过沙洲》展示了丁尼生恬静的宗教信仰。1892年10月6日，丁尼生与世长辞，被葬在了威斯敏斯特教堂的诗人角，与乔叟相邻。在丧礼上来宾诵读了《过沙洲》这篇短诗。

丁尼生的作品特点

诗歌在传承了先辈的优秀传统的同时，具有独有的创造性和灵性。诗歌将景、声、情完美地融合在一起，毫无雕琢的痕迹。同时，诗歌在意象、节奏感、措辞和韵律方面，都达到了完美的境界。

丁尼生的代表作

《悼念》

这部诗集从名称上看，很多人都认为是用来纪念丁尼生好友哈兰姆的。诗集中包含了诸如“把你的光洒遍昊昊苍穹。船前的长天哪，愿你安息；和风啊，愿你也像他安息——像我挚友，我亲爱的弟兄”这种悼念的诗句。但除此之外，有大部分的内容，如“这世道真叫人恶心、昏厥。连科学之神也伸手扬臂，摸索一个个世界，凭魔力新近，叫卫星把秘密吐泄”、“不论何事降临，我确信，在最悲痛的时刻我觉得：宁肯爱过而又失却，也不愿做从未爱过的人”等诗句，是丁尼生对哲学和宗教思想（包括人生、灵魂和来世的疑惑）的思考和对爱情的坚信不疑。迷茫的经历、甜蜜的韵律、如画的描述使该诗成为英国文学史上最优秀的挽歌。

《国王叙事诗》

这部诗作花费了丁尼生三十年的心血。它由十二卷叙事诗组成，故事源于凯尔特民族关于亚瑟王与他的圆桌骑士的传说。组诗以春天亚瑟王的到来为起点，经过夏天的圆桌骑士的会聚，到秋天时的衰败，随着冬天的到来，亚瑟王与他的追随者在战争中彻底失败。

但该诗集并不是古代传奇的简单翻版，而是对古典神话的现代诠释。其一是因为诗中的道德标准及情感都属于维多利亚时期而非中世纪的贵族，其二是因为故事中亚瑟王的崛起与衰败其实是西方文明周而复始的历史写照。在丁尼生看来，这种文明正在走向衰落，最终会一败涂地。

25. 狄更斯 （1812—1870）

1812年2月7日，查理·狄更斯出生于一个海军小官员之家。狄更斯的童年生活非常困苦。由于父亲负债被捕，狄更斯十岁时就辍学去做苦工。这段痛苦的经历在狄更斯心中留下了深刻的烙印。

狄更斯做过律师事务所学徒、录事、法庭记录员、记者。新闻工作为他打下文字基础的同时，还使他接触到法律与政治的内幕及社会各阶层人士。

1833年起，狄更斯开始零星地写一些伦敦生活的速写，后编辑出版《博兹杂记》，很快《匹克威克外传》也出版了，这使狄更斯名利双收。从此他开始了艰巨繁忙的文学生涯。

狄更斯一生创作了十四部长篇小说，并创办了几家报社和杂志社，并热心于公益事业。他曾多次去欧洲大陆旅行，两次访问美国。1870年，狄更斯因过度疲劳，死于脑出血，留下了一部未完成的小说。

狄更斯的作品特点

狄更斯具有惊人的讲故事能力，作品中有能与莎士比亚作品的数量相媲美的方言和词汇。小说往往能够在第一句就完全吸引住读者，并创造出许多令人笑中带泪的故事。

作品中的人物既有同阶级的共性又各具特点，通常用夸张的手法，通过夸大身体的某一部分，或说话、行为的某种方式来凸显人物。其中，作品以其独有的特殊技巧，从儿童的视角，运用儿童特有的对世界的观点来增加儿童世界的生动性和准确性，塑造了一批不朽的儿童形象。

狄更斯的代表作

《雾都孤儿》

弃儿奥利弗在孤儿院和棺材店度过了悲苦的童年，为了改变这受尽折磨的日子，奥利弗逃离了棺材店，来到伦敦。但在那里，他被迫成了扒手。虽然奥利弗奋力为自己争取好的生活，并曾一度被好人布朗洛收留，但还是没有逃脱坏人的魔掌。为了营救奥利弗，女扒手南茜不惜牺牲自己，而向布朗洛报信，最终，奥利弗被救，并且与亲人团聚。

通过孤儿奥利弗·退斯特的故事，狄更斯对统治阶级的残酷与伪善进行了猛烈的抨击，并呼吁人们对孤苦无助的儿童给予同情和援助。

《大卫·科波菲尔》

这是以“成长小说”的形式写成的一部关于大卫·科波菲尔的故事，实际上是以狄更斯自己从童年到青年的成长经历为基础的故事。这部小说的基调比较乐观，虽然大卫在童年时期受了很多苦，但长大后有了美满的婚姻，并成为了一名成功的作家。

小说采用第一人称的叙述给读者以强烈的真实感，也使人物的处理显得更具同情心。尤其是在小说的第一部分，通过成功地引入儿童的观察视角，大卫的经历与情感就更加真实可信地表现出来。儿童对人生所特有的非黑即白的观点在这里得到了极好的体现。因为狄更斯在小说里精心塑造了一大批性格特点鲜明的人物，使得这部小说深受读者喜爱。

26. 罗伯特·勃朗宁 （1812—1889）

1812年5月7日，勃朗宁出生于伦敦，父亲是一家银行的高级职员。勃朗宁从小受到父亲与家庭教师的严格教育，父亲的私人书库为他的文学天赋提供了充足的营养。

1833年，勃朗宁出版了他的第一部诗作《波琳》，但诗中明显具有模仿雪莱风格的痕迹和作者的羞涩感。发表第二部作品时，勃朗宁又矫枉过正，诗剧晦涩难懂。在一个演员朋友的鼓励下，勃朗宁也尝试戏剧创作，但因为剧中深奥的分析过多，而动作情节极少，仍不成功。

但在这些打击下，勃朗宁并未绝望放弃，反而发掘出了适合自己的文学形式——戏剧独白。在这种文学形式下，勃朗宁在创作中如鱼得水，接连出版了一部又一部作品。

1846年，勃朗宁偕夫人伊丽莎白·芭蕾特——著名诗人勃朗宁夫人，一同私奔到意大利过着愉快的生活。直至勃朗宁夫人1861年去世后，勃朗宁才回到英国，并继续坚持创作。

勃朗宁根据旧书中记载的关于一位伯爵的审判（这位伯爵被控残杀了自己的妻子。他的妻子与一位教士通奸，传教士还帮她逃离有性虐待癖好的伯爵丈夫），写就了他的代表作《指环与书》。这首诗使布朗宁成为英国最伟大的诗人之一。

晚年的勃朗宁创新能力减退，文风又回到了早期创作时的晦涩与造作。1889年，勃朗宁去世，葬于威斯敏斯特教堂丁尼生的墓旁。

勃朗宁的作品特点

作品具有非凡的想象力、创作力，对人类本性与心理进行了透彻分析，塑造的人物在性格与人生观方面更加典型、深刻。戏剧独白则将人物细致地展现出来，提高了人们研究复杂的人物性格的兴趣。同时，作品也使戏剧独白这种文学形式发展成熟并达到了极致，成为诗歌艺术的伟大实验。

诗歌在措辞和形象塑造方面并不讲究，甚至毫无美感，因为在勃朗宁看来，诗歌的目的在于警告读者，使读者保持丰富的思想和清晰的判断。也正是因此，勃朗宁成为20世纪诗歌的先驱。

勃朗宁的代表作

《指环与书》

内容取材于1698年罗马谋杀案审判的情况。伯爵因为发现妻子出身卑微，在她分娩的时候，雇凶谋杀妻子。幸而妻子被救，并指控了伯爵，最终法院判处伯爵死刑。诗人从不同叙述者的不同叙述中找到案件的真相，读者也需要在阅读中发挥主动性。通过聆听叙述者讲故事，读者了解这些人的为人，然后决定他们的叙述中有多少是可信的，最后才能得出正确的结论，了解到案件背后的真相。

诗的标题颇有深意：金匠用黄金与其他金属一起锤炼成环状，最后再去掉添加的合金，指环仍是纯金。对于诗人与读者也是同样的道理——为了获得案件最后的真相，必须加进自己对“书”（客观的原始记录材料）的猜测和想象。

27. 夏洛蒂·勃朗特 （1816—1855）

夏洛蒂·勃朗特出生于英国北部约克郡的一个乡村牧师家庭。五岁时，夏洛蒂的母亲便患病去世。八岁时，夏洛蒂进入柯文桥女子寄宿学校，在那里，因为学习生活条件恶劣，学校里两位年纪最大的女生不幸去世，这些经历成为《简·爱》中洛伍德学校的原型。十五岁时，夏洛蒂在伍勒小姐学校就读，几年后夏洛蒂在伍勒小姐学校任教。

1842年，为了开办自己的学校，夏洛蒂与艾米莉来到布鲁塞尔学习外语，在此期间，她爱上了一位德语教授，但他已经结婚。在她后来的著作中，时常带有这段恋情的影子，尤其是在《维莱特》中。

冬日里，勃朗特三姐妹会在户内博览群书，对浪漫主义时期的作品尤其感兴趣。此外，她们时而独自创作作品，时而合作写作，如《安格里昂》（勃朗特姐妹与兄长布兰维尔合著）、《刚朵儿》（艾米莉与安妮合著）。1846年三姐妹用笔名合作出版了《库瑞尔、艾利斯与阿克顿·贝尔诗集》，但诗集并未引起多大反响，于是她们转向小说创作。

夏洛蒂的首部小说《教师》未能出版。1847年，第二部小说《简·爱》问世，大受欢迎。此后，勃朗特姐妹接连出版了自己的小说。但不幸也随之降临，夏洛蒂的两个妹妹和兄长布兰维尔相继去世。

深受打击的夏洛蒂埋头创作，出版了《谢利》（1849）、《维莱特》（出版于1853年，被认为是夏洛蒂的自传，描写了她在布鲁塞尔时的经历）。

1854 年夏洛蒂不顾父亲的反对，毅然与牧师阿贝尼科尔斯结婚。但婚后的幸福却是短暂的，六个月后夏洛蒂和丈夫到离家数英里的荒原深处观看山涧瀑布时不慎受寒，并一病不起。1855 年 3 月 21 日，39 岁的夏洛蒂因病辞世。1857 年，夏洛蒂的第一部小说《教师》出版面世。

夏洛蒂的作品特点

作品不但对人对物有细致精确的描写，也有超自然的现象，是现实主义与浪漫主义完美结合的世界。小说中的主观色彩非常突出，所有客观的、潜意识或超自然的世界或成为背景，或成为主人公心灵的外映。小说中每个人物、每个事件，都是主人公自己观察到的，主人公的观点决定了读者的爱憎，她的情绪感染了读者的视野和感情。

作品的主题几乎都是个人自觉地为实现自我价值而奋斗，都是有关一些孤独而卑微的少女对爱情的理解与对完整幸福生活的强烈渴求。

由于从小受到正统观念的严格教育，夏洛蒂坚信清教徒的一些信条。她热爱大自然，鄙视世俗的野心与成功。在她看来人生就是一场永不停息的罪恶与美德的斗争。因此，作品中的女主人公最大的快乐都来自一些自我牺牲后或个人弱点被战胜后获得的幸福。

夏洛蒂的代表作

《简·爱》

简·爱自幼失去父母，寄住在舅父家中。在那里，简·爱受尽了舅母和表哥的歧视和虐待，并被送至孤儿院。在那里，简·爱的日子依然艰苦，虽然后来当上了孤儿院的老师，但最终还是离开了孤儿院，并应聘成为一个庄园里的家庭教师。在庄园里，简·爱与庄主罗切斯特经历了一段曲折而传奇的爱情故事。

小说对当时的宗教慈善机构通过让学生挨饿和对她们进行人格侮辱，将她们培养成服帖的奴隶这一卑劣行径进行了批判。同时还批判了世俗社会对爱情和婚姻的偏见。

小说也是一篇道德寓言。夏洛蒂正视现实的残酷，始终坚信辛勤的劳动、诚实的品格和道德的力量会带来最终的幸福。在她看来，现实生活中没有唾手可得的东西，也没有完全的幸福。人们只有经历一系列精神和肉体上的考验后，才能最终获得幸福。

这部小说开启了英国家庭女教师题材的先河。在小说里，夏洛蒂成功地塑造了一个敢于蔑视传统的家庭女教师形象。虽然她不美丽也不富有，但她顽强地与这个世俗偏见的社会抗争，维护自己的独立与尊严，并最终获得真正的幸福。这不仅是简·爱，而是整个中产阶级劳动妇女以及全世界妇女争取平等和独立的宣言。作为第一部以家庭女教师为题材的小说，《简·爱》对当时的妇女运动作出了重大贡献。

28. 艾米莉·勃朗特 （1818—1848）

艾米莉·勃朗特是夏洛蒂·勃朗特的妹妹，1818 年 7 月 30 日出生。和夏洛蒂一样，艾米莉也先后就读于柯文桥女子寄宿学校和伍勒小姐学校，并与夏洛蒂一起去布鲁塞尔，但更多时候还是在家中自学。

艾米莉天真烂漫，热爱广阔的大自然。艾米莉继承了凯尔特人的血统，加上长年居住在偏僻的山乡，因而养成了外表沉静，内心刚强的性格。她渴望爱，却又得不到爱，不被理解，遭到冷落。加之看到现实社会中的种种恶行和弊端，更使她感到失望和痛苦。艾米莉的一生郁郁寡欢，孤寂凄凉。

1847 年艾米莉的《呼啸山庄》与妹妹安妮的《艾格尼丝·格雷》一同出版。但并未受到赞扬，反而受到很多抨击。1848 年 12 月 19 日，艾米莉因肺病去世。

直到将近半个世纪以后，人们才逐渐认识到《呼啸山庄》的内涵和本质，承认它是一部奇书，一部富有独创性和超前性的伟大作品，从而把它列入世界文学名著之列。

艾米莉的作品特点

小说创作明显受到德国和英国浪漫主义作家及哥特式小说的影响，但其仍具有独创性和突出的超前性。小说中的人物带有典型的约克郡人的特征，古老的生活方式、地方语言和活动背景明显属于作者所生活的那片遥远的荒原。

小说的叙述手法复杂多变，以描写性叙述为主，书中没有任何离题的谈话，也没有作者从“全知全能”的角度进行的分析和评论。同时，书中充满极其丰富的想象力、极其强烈的激情和极其深刻的内心体验。

艾米莉的代表作

《呼啸山庄》

希斯克利夫是呼啸山庄的主人恩肖先生带回来的孩子，因为恩肖对其颇为宠爱，引起了儿子亨德雷的嫉妒。恩肖去世后，希斯克利夫成了亨德雷的奴仆。希斯克利夫与恩肖的女儿凯瑟琳相恋了，但最终凯瑟琳还是嫁给了画眉田庄的文静青年埃德加。希斯克利夫悲伤出走，三年后，发财的希斯克利夫回到呼啸山庄，对亨德雷进行了疯狂的报复，并夺走了恩肖家的家产。为了报复埃德加，希斯克利夫还故意娶了埃德加的妹妹伊莎贝拉，并对其进行迫害。经过长期的计划，埃德加也逐渐落魄，希斯克利夫最终把埃德加家的财产也据为己有。

即便成功复仇，但希斯克利夫仍摆脱不了对凯瑟琳的思念，强烈的思念使他终日不吃不喝，最终在相思中去世。

这是一部批判现实主义的小说。在论及人际关系，特别是男女关系时，艾米莉认为以人的社会地位来衡量个人价值是极其错误的，破坏真挚而自然的感情不仅是残忍的，而且会带来毁灭性的后果。

29. 乔治·艾略特 （1819—1880）

乔治·艾略特原名玛丽·安·伊万斯。1819年11月22日，乔治·艾略特出生在华威郡一个地厂商的家庭里。乔治·艾略特从小受到严格的正统教育。十几岁时便展露文学天赋。

在老师露易丝小姐的影响下，乔治·艾略特用了四年的时间潜心钻研《圣经》。十六岁离校后，艾略特在家中继续学习，掌握了三门外语，并研习了音乐。因为搬迁，她来到考文垂，在那儿深受几位自由思想家朋友的影响，她很快将自己研究的范围从宗教历史扩展到哲学领域，甚至强烈质疑宗教。她这一叛逆的变化使她与保守的家族及亲友断绝了关系。

在考文垂，乔治·艾略特结识了《威斯敏斯特评论报》的老板，并成为该报的编辑与散文撰稿人。在报社的工作让她有机会接触到当时不少著名的文豪，如狄更斯、乔治·亨利·路易斯等，并与路易斯坠入爱河。当时路易斯已有妻室，在巨大的外界压力下，乔治·艾略特仍选择了与其同居。在路易斯的鼓励下，乔治·艾略特在三十九岁时开始了文学创作，很快她便跻身大文豪之列。

1857年，她首次写出了三个故事并于后来以《教区生活场景》为书名出版。而后，乔治·艾略特以对英国乡村生活的切身体验，以辛辣的笔调，相继写出了她的三部具有现实主义特征，富于道义的代表作：《亚当·比德》(1859)、《弗洛斯河上的磨坊》(1860)、《织工马南传》(1861)。从而奠定了她在文坛的地位。

此后，乔治·艾略特出版了反映15世纪意大利佛罗伦萨的有关人员反抗教皇、改革宗教斗争的纪实文学《罗慕拉》。此外，她还创作了她唯一的有关英国政治的小说《费利克斯·霍尔特》。1872年，《弥都玛持镇》问世。1876年，她最后一部小说《丹尼尔·德龙达》问世，这是一部反对闪米特族主义的布道文。

1879 年，路易斯去世，乔治·艾略特悲痛万分，从此停止创作，潜心整理出版路易斯的遗著。不久后，乔治·艾略特下嫁小他二十岁的约翰·克劳斯。1880 年 12 月乔治·艾略特病故，与路易斯合葬。

乔治·艾略特的作品特点

作品把人们对生活的责任完全归属于个人的道德选择，从而改变了英语小说中人物就是情节的性质。作品不仅描写人类及其生活，而且还发掘和分析人类生活的本质。在艾略特看来，人类生活的真实只能从人物的内心斗争以及个人与他所生存的社会之间的关系中去发现。

作品努力地表现人们灵魂深处的斗争，揭示那种驾驭人类行为的动机、冲动及遗传影响，以分析总结的方式探究人生真谛。

作品从未忽视过个人力量的有限，主张必须培养意志力以及回归平淡的生活，把个人的内心世界与外部的社会环境联系起来，并显示两者是如何作用于个人的。

小说的一个常见的主题是探讨个人的失败如何受到来自自身与社会各方面力量的共同影响与制约。作品中的悲剧不一定导致死亡，在大多数情况下，常常表现为个人理想的幻灭。

乔治·艾略特的代表作

《亚当·比德》

亚当·比德是一个忠厚正直的木匠，在当地深受尊重。他爱上了农家女赫蒂，但赫蒂心仪的是乡绅家的少爷亚瑟。虽然赫蒂的家人同意了亚当的提亲，但是，已怀上亚瑟孩子的赫蒂在结婚那天选择了逃婚。此后，亚当与赫蒂的妹妹迪娜日久生情，最终走在了一起。

小说在将客观现实与心理现实相结合的基础上，侧重以内心描写和各种细节来揭示人物的思想感情。人物在已知“是非”的情况下，仍执迷于自己的想法，在道德与诱惑之间苦苦挣扎，表现了在基督教卫理公派教义的影响下的英国乡村生活。小说在刻画心理和道德说教方面取得了巨大的成功。

《织工马南传》

马南是个出身卑微的织布工。他被朋友出卖，被政府通缉，还被女友抛弃了。接受不了这些打击的马南逃往一个偏远的乡村，并在那里待了十五年。在那里，马南靠织布为生。不幸的是，他的积蓄却被偷光。在一次办事归来后，马南发现自己家中多了一个女童。马南对她倾注了全部的爱，将其抚养成人，同时，他的生活也变得幸福起来。

小说记述了吝啬的织工马南在失去财富后，得到了更大的幸福和满足感，成为了一个精神上的富翁。这一经历让他懂得了真实的财富是爱，而不是金钱。小说在紧凑的结构下，充满了诗意。

30. 哈代 （1840—1928）

1840年6月2日，托马斯·哈代出于在英格兰西部多赛特郡——英国历史上赫赫有名的西撒克逊王国的遗址——的一个没落贵族家中。家乡环境古朴，景色幽静，历史也为其增添了几分神秘和庄重的色彩，这一切形成了哈代小说中著名的威塞克斯镇。

哈代的父亲是名石匠，也是教堂乐队的成员。母亲是一位聪慧的女人。父母对哈代的成长产生了重大影响。成年后，哈代在一名教堂建筑师身边当学徒，靠自己的劳动维持生计。同时，他刻苦自学拉丁语、法语、希腊语。在此期间，哈代认识了当时多赛特郡有名的语言学家和诗人威廉·巴恩斯，在他的影响下哈代对诗歌的兴趣得到了激发。

1862年，哈代来到伦敦，仍旧从事建筑行业，并继续从事诗歌创作。但他没有得到发表诗作的机会，于是转而从事小说创作。直到九年后，哈代出版了处女作《计出无奈》，并受到好评。紧接着哈代相继出版了《绿荫下》

和《远离尘嚣》，这两部作品使他获得巨大的成功，并就此放弃了建筑业。在此后的二十三年中，他创作了十部地方色彩浓厚的小说，直到1896年哈代再也忍受不了评论界对他最后两部小说《苔丝》和《无名的裘德》的尖刻批判，就此放弃了小说创作，集中精力写诗，用诗歌来抒发他的情感。哈代晚年的诗歌创作和他的小说创作平分秋色。他出版了诗集八卷，近千首抒情诗，此外，还有记叙拿破仑时代的史诗剧《统治者》。

1928年，哈代在编定出版了最后一部诗集《冬天的话》后与世长辞，葬于威斯敏斯特教堂。

哈代的作品特点

小说中隐含的主题是人类与其生存的环境之间的斗争，是积极向上的人的精神与毫无生气的外部自然之间的斗争。而作品中的主人公都是普通的劳动人民。他们通常都是一些具有自觉意识并对那个社会的根本问题提出质疑的悲剧角色。同时，作品对大自然也进行了绘声绘色的描写，威塞克斯大草原有着自己的生命、色彩、性情、奥秘、征兆和破坏力。它像小说中的人物一样，是个活生生的角色。作品是强烈的自然主义因素与象征主义倾向相结合的产物。

作品结构严密，情节曲折生动，只讲述很有趣的人物和故事，像画家临摹一样，只将人性忠实地展现出来。作品表达了“人性与自然，是人类命运的决定因素”。

哈代的代表作

《苔丝》

苔丝在异想天开的父亲的要求下，来到德伯家认本亲，但却被德伯家的儿子亚雷玷污，以致怀孕。受到玷污的苔丝不仅没有得到他人的同情，反而被人们耻笑和指责，苔丝的孩子也不幸夭折。苔丝决定离开这凄惨的环境，来到南部的一家牛奶厂做工。

在那里她与牧师的儿子克莱尔成婚，但当克莱尔知道苔丝的过去后，在新婚之夜离她而去。苔丝悲伤不已，但她仍在家中，希望克莱尔可以原谅她，回到她的身边，不料却遇到了已成为牧师的亚雷，亚雷仍对其纠缠不清。苔丝写信请求克莱尔回来保护自己。在克莱尔回来之前，苔丝家再次发生变故，父亲去世，房子被收回，生活没了着落，亚雷趁机逼苔丝与其同居。

当克莱尔回到家中时，羞愤的苔丝杀死了亚雷，但也被捕并判绞刑。克莱尔遵照苔丝的遗愿，与她的妹妹开始了新的生活。

在这部充满诗意的小说中，苔丝是大自然的杰作，是美的化身，然而却被人类的文明和社会习俗所毁灭。在这出悲剧中，命运将一个个巧合的“错误”安排在苔丝的身上，使她步入了生命的死胡同。在小说的结尾处，哈代隐晦地评论道：“正义得到了伸张，命运之神不再捉弄苔丝了。”

《无名的裘德》

孤儿裘德由亲戚抚养成人，成为石匠的学徒。他成绩优异，却因社会等级偏见，失去了受教育的机会。他立志成为牧师，在前往基督寺大学的途中，因脆弱和无知，和屠夫的女儿结婚。但婚后，裘德发现他们的性格和思想存在巨大差距，不久离异。到基督寺后，却被拒于高等学府大门之外。为了谋生，他又当了石匠。

在那里，裘德见到了表妹淑，两人情投意合，于是同居，生下子女。他们由于不结婚，不合礼法，处处遭到歧视，工作被辞，居无定所，四处流浪。孩子们长大后，觉得自己拖累了双亲，于是大孩子将弟弟吊死后，上吊自杀。淑认为这是上天对她与裘德的惩罚，离开裘德回到原夫身边。裘德的生活自此失去失望，以慢性自杀殉情。

裘德和淑代表了当时谋求改变自身地位的青年劳动者，而淑比裘德更激进、更勇敢，体现了当时已萌动的女权运动对女性的影响。但他们在社会的制约和根深蒂固的传统看法的影响下，付出了高昂而惨痛的代价。他们的失败，也是对当时社会状况的一种批判。

●现代时期文学

背景简介

19 世纪法国的象征主义是现代主义的先驱。20 世纪初，维多利亚时期的现实主义的写作传统受到了来自现代主义文学的挑战。第一次世界大战后，各种现代主义文学流派开始兴起，加快了传统现实主义向现代主义过渡的速度。

第一次世界大战后，英国失去了其世界金融中心的地位，首次成为了负债国。英国人民也开始深刻地认识到资本主义内在的罪恶，对资本主义的幻想也因此而破灭。现代主义便是在这种情况下，得到了滋生和发展，作家和艺术家为了表达对世界和人性的理解，开始探索新的表达方法。

到 20 世纪 20 年代，各种文学流派汇合成一股强大的现代主义潮流。

现代主义并不以时间为划分原则，而是以非理性哲学和精神分析原理作为理论基础，以人与自然为主题，展现人与客观时间以及自身的，或相互疏远，或充满敌意的关系。

主要作家

31. 萧伯纳 （1863—1950）

乔治·萧伯纳1856年7月26日出生于爱尔兰都柏林。幼年时期，萧伯纳的学业并不优秀，对文学却十分感兴趣。萧伯纳的家庭十分清贫，以致十五岁时萧伯纳不得不退学。退学后，他在一家地产公司负责收地区各家房租。这些经历令萧伯纳对贫苦百姓的生活有了切身的体会。

二十岁时，萧伯纳随离异的母亲来到伦敦，在那里，萧伯纳对文学作品如饥似渴地进行阅读，伦敦的各大图书馆都留下了他的身影。1879到1883年间，萧伯纳写了五部长篇小说，找过六十家出版社却全部被退回。

此后，萧伯纳在多家报纸杂志上写过音乐和戏剧的评论文章，对新浪漫主义和时髦的画室话剧进行了无情的批判。萧伯纳反对以王尔德为代表的颓废唯美主义艺术家的信条——为艺术而艺术。萧伯纳主张艺术应该为社会服务，应该反映人的生活与社会矛盾，应该教育广大人民群众。

1892年，萧伯纳的戏剧创作生涯正式开始了。他的处女作《鳏夫的房产》一经上演，便获得了成功。此后，他的优秀作品层出不穷。1903年，在美国上演的《康蒂妲》奠定了萧伯纳的一流剧作家的地位。

1925年，萧伯纳获得诺贝尔文学奖。1950年11月2日，萧伯纳在赫特福德郡因病逝世，他的墓志铭只有一句话：我早就知道无论我活多久，这种事情迟早总会发生的。

萧伯纳的作品特点

作品注重剖析社会问题，因此，大部分戏剧作品都与政治、伦理、经济、宗教问题有关，并试图以展现这些问题来指导社会改革。这些戏剧都被统称为“问题剧”。作品仅有一种感情，那就是愤怒，是对统治阶级的种种暴行和虚伪、对社会制度和黑暗环境的愤怒。

作品不是通过激烈的情节，而是靠对话和独白来抓住观众的注意力。剧中的语言平实、幽默，富有感染力。作品通过笔下的人物说出他的思想和观点，从而对观众进行说教。有时，为了生动地展现和突出一个角色及其所代表的理念，不惜牺牲其他的角色来达到这个目的。

作品在角色设定上勇于创新，常常将传统的英雄塑造成恶棍，或将传统的恶棍塑造成英雄，这样强烈的反差，给观众留下深刻的印象，同时也是对传统的挑战。

萧伯纳的代表作

《华伦夫人的职业》

主人公薇薇作为一个受过良好教育，具有强烈正义感的人物，因为发现她的母亲是众多妓院的股东兼经理，因此对母亲的行为十分不满。两个人发生了激烈的矛盾冲突，最终母女关系决裂，薇薇来到伦敦找到一份靠诚实劳动而生活的工作。

这部戏剧有两条线索。第一条线索，是以华伦夫人为中心，揭示了人类所受的苦难都是上层阶级为追求财富而以卑劣的手段，对穷苦人民进行剥削的结果。以卖淫为例，使这一观点得到了淋漓尽致的表现。从这方面讲，这出戏不仅有关伦理道德，而且是一部强烈的现实主义的戏剧。

第二条线索，是以女主人公薇薇为中心。讲述她入世时的单纯，又是如何被一系列的诱惑所吸引甚至屈从。但她从中也意识到了社会的黑暗，为了追求新女性所应有的自由和独立，她痛苦地抛弃了这些诱惑，从而取得了精神上的胜利。

32. 叶芝（1865—1939）

1865年6月13日，威廉·巴特勒·叶芝出生于爱尔兰都柏林的新教徒家庭。他从小就深受爱尔兰民族风俗与传统思想的熏陶。高中毕业后，他考入都柏林艺术学院，结识了许多文学家与艺术家，促使他走上了诗歌创作之路。

叶芝为了吸引恋人，写就了他的第一部剧作《胡里痕的凯瑟琳》，也以此正式开启了他的戏剧创作生涯。

1896年，叶芝结识了格雷戈里夫人与约翰·辛格。由于志同道合，他们合作组建了爱尔兰民族戏剧社，并于1904年建成寺院剧场，以推进爱尔兰文学的复兴。其间，叶芝担任导演并创作了二十余部话剧，并于1923年获得诺贝尔文学奖。

一般来说，叶芝的文学生涯按照内容与风格可分为三个阶段。19世纪末期，叶芝选择了浪漫主义。他的作品中充满梦幻和伤感，这个阶段的代表作为《茵斯弗利岛》。

20世纪初的二十年间是叶芝艺术风格的过渡，他对政治、人生与诗歌的态度都发生了极大变化。渐渐地，叶芝从传统诗人变成了现代主义诗人。这个阶段的作品则充满了愤怒、失望与辛辣的讽刺，《没有第二个特洛伊》则是叶芝在这个时期的代表作品。

五十多岁时，叶芝进入了诗歌创作的最后一个时期。此时的诗作中已不见了从前那种富于说服力的讽刺，青春的流逝与生命的虚度使他更加消沉更加痛苦。他渴望逃离不断发展变化的世俗社会，而进入一个永恒的不分时空的知识与艺术世界。他渐渐意识到永恒的美只存在于艺术王国。他的诗歌主题开始转向一分为二、对立统一的事物，如青春与衰老、爱情与战争、活力与智慧、肉体与灵魂以及生命与艺术。这种形式使他的作品带给人们紧张感，并揭示了人生的尴尬与困境。在第三个创作阶段中，叶芝发展了一种紧张、复杂及象征性的风格。《驶向拜占庭》是这个阶段的艺术特点和创作风格最集中的体现。

叶芝的作品特点

诗歌趋向于以戏剧的形式显现人类生活，而且还伴随一种与爱尔兰身份相冲突的价值标准。作品中充满矛盾，由此产生了持续的张力。

在戏剧方面，则仍保持着抒情诗人的特点，美妙的语言是他的戏剧最受欢迎的地方。为了表现思想深度，作品借鉴日本古典的“能乐”舞剧中的艺术手法，如戴面具、仪式化的动作、象征性的语言及音乐与舞蹈的运用。这些尝试某种程度上成为现代戏剧的抽象主义先锋。

叶芝的代表作

《驶向拜占庭》

在这首诗中，叶芝揭示了死亡、爱情、衰老与艺术的问题。拜占庭这个城市坐落在东方与西方的交接处，成了逃避时光流逝的场所，同时灵魂的显现出没又象征了炼狱与天堂这两个对立事物的统一。一旦脱离凡尘或死去，诗中的老者便进入了长青知识的纪念碑，进入了永恒的世界，在这里，艺术是亘古不变的。

《茵斯弗利岛》

茵斯弗利在爱尔兰传说中是一个湖中的水湾，这里指代隐士的住处。此诗写于 1893 年，是作者早期受 19 世纪中叶英国的拉斐尔前派的影响而写的一个作品。因为厌倦了现实生活，叶芝向往一个理想的“天国”，在那里他可以享受恬静的隐士生活，欣赏大自然的美丽风景：“我就要动身走了，因为我听到，那水声日日夜夜轻拍着湖滨，不管我站在车行道或灰暗的人行道，都在心灵深处听见这声音。”

33. 高尔斯华绥 （1867—1933）

1867年，约翰·高尔斯华绥出生于英国上流社会的一个家庭里，曾在哈罗公学与牛津大学就读，后来做过律师。但不久后，高尔斯华绥便转攻文学。三十岁时，高尔斯华绥开始发表作品，但直到《岛国的法利赛人》发表才引起人们重视。后来，高尔斯华绥娶了一个离过婚的女人，妻子从前的不幸在他许多作品中都有所体现，如《有产业的人》(1906)。这部作品与同年发表的《银匣》使高尔斯华绥成为出色的小说家兼剧作家。此后高尔斯华绥保持着稳定的创作水平，并在1932年获得诺贝尔文学奖。

1906年，高尔斯华绥完成了《福尔赛世家》三部曲的第一部《有产业的人》，该系列的第二部《骑虎》于1920年问世，第三部《出租》则在1921年面世。

高尔斯华绥的作品特点

在作品中，两种阶级总是在对立下出场：一个是刻板、无情、不劳而获的有钱阶级，他们反对社会的任何变革；一个是受压迫的穷人阶级，他们不屈不挠，勇于叛逆，欢迎各种改革的新事物。

作品的写作技法十分保守，严格把握情节的发展与角色的鲜明，行文清晰、直白，毫无做作。通过客观的观察与自然的描述，竭力将社会生活全面地展示出来，准确地如同文献资料。使用讽刺与幽默，无所畏惧地揭露了资产阶级世界的善与恶。

高尔斯华绥的代表作

《福尔赛世家》

小说以随着英国工业发展而靠房地产和有价证券崛起的福尔赛家族为中

心。福尔赛家族的成员们认为什么东西都是可以占用，并可以用金钱来衡量的。家族成员之间因为各自的唯利是图，而彼此隔膜甚至怨恨。小说主要描写了索米斯·福尔赛不择手段地占有了有“希腊女神”之称的伊琳。但因为伊琳并不爱他，所以婚后对他态度十分冷淡，并对他渐渐疏远。这让将妻子当成财产的索米斯十分愤怒，便想在乡下建一所别墅把她禁锢起来，甚而卑鄙地控告伊琳喜欢的建筑师波辛尼，导致神情恍惚的波辛尼被马车撞死的悲剧。伊琳愤而离家，他们离婚各自成家后，索米斯有了女儿芙蕾，伊琳有了儿子乔恩。芙蕾和乔恩相爱，却因上一代的矛盾无法走到一起。最后芙蕾另嫁他人，乔恩和母亲远赴美洲，终身不返英国。

通过这一故事，以点带面地揭示了当时社会中人与人之间赤裸裸的金钱关系，并对这种丑恶现象进行了严厉的批判，同时，对这一现象作者看不到改变的希望，以致小说的结尾处弥漫着伤感。

34. 乔伊斯 （1882—1941）

1882年，詹姆斯·乔伊斯出生于爱尔兰都柏林的一个天主教家庭，从小受到教会学校严格的宗教教育。学生时代，乔伊斯曾一度热衷于天主教，但后来他逐渐反感教会，并开始批判都柏林资产阶级的唯利是图。大学毕业后，乔伊斯因经济原因没有继续深造。1904年，乔伊斯携女友离开了爱尔兰。

在欧洲各国流浪期间，乔伊斯主要靠教英语和为报刊撰稿维持生活。此时乔伊斯患上了眼疾，且一直没有治愈，他的视力逐渐下降，这对他的创作非常不利。但这并不影响他对文学的追求，他仍然笔耕不辍，致使下降的视力丝毫得不到缓解。在这种恶性循环下，乔伊斯晚年的时候，双目彻底失明。

1916年，乔伊斯的长篇小说处女作《青年艺术家画像》出版。六年后，乔伊斯出版了他的代表作《尤利西斯》，并回到了巴黎。经过了十七年的潜心创作，乔伊斯完成了他的最后一部重要著作《芬尼根守灵夜》，该书于

1939年出版。同年，巴黎沦陷，乔伊斯夫妇迫于形势，将患有精神分裂的女儿留在了法国的一家医院里，狼狈地逃到瑞士的苏黎世。

1941年，乔伊斯因十二指肠溃疡穿孔，客死异乡。

许多评论家认为乔伊斯是文学革新的第一人，他激进的改革试验不只限于“意识流”，还在于他的修辞手法、伤感主义浪漫作品、历史性文体学以及表现主义的戏剧等。他可谓是英语语言与文体的大师。

乔伊斯的作品特点

作品以完全客观的视角来看待所有事物，同时也能够完全有意识地控制创作进程，并尽可能不将个人的性格感情掺入作品中。意识流的作品文风简洁，富有逻辑性，语言简练，措辞简短，甚至段不成句，以此反映出真实人物思想过程的凌乱，但有潜在的逻辑性。

乔伊斯的代表作

《尤利西斯》

这部小说是现代主义文学的首要典范。很多人质疑它是否可以称为“小说”，因为它几乎不具备传统意义上小说的所有要素：没有故事，没有情节，没有动作，人物塑造也只有一点点。

乔伊斯试图通过实例说明一个事件是如何包含着同类型的所有事件，以及一天中所发生的事情是如何概括着历史，从而展示整个人类生活的微观世界。书中的现代人既不是英雄，也不是反面人物，而是琐碎的、世俗的，他们人格分裂，理想破灭，心灵肮脏，家庭破裂，在腐朽的世界中寻求人际关系的和谐和精神的维系。

小说分为十八个章回，分别对应主人公在一天内的十八个小时的所作所为。这一天内发生的事情极为琐碎，毫无意义，甚至非常陈腐。但在这平庸的表面下隐藏着自然的意识流，反映了角色内心的思想活动及心情与冲动的变化转移，表达空前直白，极富穿透力。

35. 劳伦斯 （1885—1930）

1885年9月11日，戴维·赫伯特·劳伦斯出生于英国诺丁汉郡的一个煤矿工人家，母亲出身清教徒家庭，受过良好教育，当过小学老师。因为矿区生活艰苦，家庭拮据，父亲又经常酗酒，劳伦斯的童年生活并不美满，幸亏母亲偏爱他，才算有个安慰。粗俗的父亲与高雅的母亲之间充满矛盾，这在他后来的自传体小说《儿子与情人》中表现得淋漓尽致。

劳伦斯的母亲在他二十五岁时去世，这对劳伦斯来说，既是一种打击，也是一种解放。开始的几个月，他心情恶劣，无法排遣，结果得了严重的肺炎，而不得不辞去了教职，开始新的生活。当他拜访威克利教授，询问能否到德国教书时，却与比他大八岁的教授夫人弗丽达一见钟情。几星期后，弗丽达抛弃了教授和三个孩子，与劳伦斯私奔到欧洲大陆。两个人先后去过德国、意大利。

私奔期间，劳伦斯以写作为生，虽然作品接连出版，但生活仍捉襟见肘，幸而弗丽达对他的爱使他增强了经受一切风暴的信心。随着《儿子与情人》的出版，劳伦斯确立了杰出小说家的地位。

1914年6月，功成名就的劳伦斯携弗丽达回到英国，7月，两人正式结婚。但他们的生活自相遇以来就注定是不平静的。在他们结婚后不久，第一次世界大战爆发，因为弗丽达是德国人，夫妻二人受到当局监视，不得不隐居到乡村，但当局仍未放过他们。

次年，劳伦斯出版小说《虹》，因为该书的内容揭露了国内的黑暗，并对英国发动的布尔战争进行了批判，触怒了当局，当局对这部著作进行了销毁。劳伦斯为此备受打击，意志消沉。三年后，劳伦斯与弗丽达离开英国，开始了浪迹天涯的生活。

1925年，劳伦斯被查出肺病晚期，心灰意冷的劳伦斯放弃了治疗，并忙于各种活动，这大大消耗了他的体力。1930年3月2日，劳伦斯与世长辞，他的遗体被火化，骨灰运至美国新墨西哥州。

劳伦斯的作品特点

作品运用心理透析的方法，着力讨论了人际关系，并认为最重要的人际关系莫过于男女关系。作品的核心就是促进这种关系自然健康地发展。因此，作品肯定性行为，并认为性行为是生命活力的体现。

作品不单单是讲述故事，还揭露了机械文明的破坏性，并欲为各种社会问题寻求答案，表达了对机器文明的深恶痛绝。

作品对日常生活进行客观细腻的描写，情节具有戏剧性。同时，作品中加入了劳伦斯的观点和评论。语言具有简练、直白等特点。为展现书中人物的心理活动，作品充分利用诗歌的想象和象征手法来表达最细腻的情感，从而赋予传统的现实主义以全新的心理学意义。

劳伦斯的代表作

《儿子与情人》

瓦尔特·莫莱尔一家生活虽然艰苦，但仍快乐、幸福。不幸的是，瓦尔特后来因为酗酒脾气火暴，家里的气氛变得压抑，家庭的处境也愈加艰难。长子的去世，加深了瓦尔特的妻子葛楚德的忧伤，葛楚德将自己所有的爱和希望寄托在了次子保罗身上。

因为爱得太深，葛楚德对保罗的爱超出了单纯的母子之情，而保罗对葛楚德的眷恋也超过了对母亲的感觉。因此，虽然保罗也有过恋人，却始终无法修成正果。随着母亲的去世，保罗神思恍惚，精神几致崩溃。

这是一部教育小说，也是一部自传体小说，取材于劳伦斯童年及青少年时代的生活，从主人公的身上读者可以看到劳伦斯的影子。

该书涵盖了劳伦斯所关心的多个主题，包括人性在现代工业下的沦丧，人与人之间占有和被占有的关系，以及劳伦斯在实现自己的艺术梦想的过程中所获得的精神解脱。

《虹》

小说讲述了一家三代人的生活。第一代人布兰文因为对异国生活的憧憬，而娶了一个波兰的妻子。第二代人安娜从小便向往自由，敢于反击长辈的约束。她长大后，她的勇气和幻想被现实击败，她不得不以父母和家庭为中心，同时，也向往着外面的世界。带着这种想法，安娜与堂兄威尔结为夫妻，却发现她的梦想仍无法实现，最终只能成为一个普通的家庭主妇。第三代的厄秀拉继承了安娜的特质，坚决要走向更广大的世界。但她经过三次理想的破灭后也变得成熟了。意识到资本主义工业社会的虚假繁荣，意识到爱情是灵与肉的统一，带着这种认识，厄秀拉继续对未来充满着希望。

在这部小说中，劳伦斯展示了伴随着人类文明的前进，社会却在可怕地堕落。劳伦斯认为工业机械化的文明是人类个性病态发展、爱情扭曲、婚姻不幸的罪魁祸首。在阅读过程中，读者可以深切地感觉到隐藏在角色们的感情冲突与心理压力背后那整个文明世界的瓦解与毁灭的阴影。这是劳伦斯第一次自觉地将社会批判与心理探究融合起来。

36. 艾略特（1888—1965）

1888年9月26日，托马斯·史登斯·艾略特出生于美国密苏里州，家境优越。1906年，艾略特进入哈佛大学学习，主修哲学与逻辑学。1910年，艾略特离开美国，他先后到法国巴黎大学及英国牛津大学学习哲学与文学。在英国求学期间，艾略特认识庞德，在庞德的帮助下，艾略特的诗作刊登在多家杂志上。

1915年，艾略特正式开始了写作生涯。同年，与舞蹈家维芬·海渥特相识并结婚。当艾略特的父母知道维芬·海渥特的一长串感情史及精神病史后，陷入了深深的困扰，这场婚姻使整个家庭濒于破裂，但也开创了艾略特的英国生活。

婚后，为了应付开支，艾略特在一所学校担任讲师，并在推行意象主义的《自我主义者》杂志社中担任助理编辑。此后，艾略特出任《标准》（一家举足轻重的文学评论刊物）的主编，他最著名的诗作《荒原》便是在《标准》的创刊号上发表的。艾略特的名气也随之高涨。

艾略特于三十九岁时加入英国籍，并成为国教的忠实信徒，从此进入了他创作的后期。之后，艾略特奔忙于各种与文字相关的工作，如写作、编辑、出版及开讲座。这段时期内，艾略特只有两部主要的诗集问世：《灰星期三》(1930)、《四个四重奏》(1943)。两部作品都清晰地反映出他对英国国教的忠诚。

1948年，艾略特因"对当代诗歌作出的卓越贡献和所起的先锋作用"获得诺贝尔文学奖。其间，因为维芬·海渥特的精神出了问题，两个人的婚姻也出现了问题。虽然维芬·海渥特曾入院疗养过几次，但仍无成效，最终他们的婚姻以正式分居而宣告失败。

1957年，艾略特迎来了第二次婚姻，这次愉快的婚姻一直陪伴他至辞世。1965年1月4日，艾略特在伦敦的家中去世。

艾略特的作品特点

作品对人类沟通的乏力和人类在现实生活中承受的幻灭感和挫折感进行了揭示，并进一步说明了文化的无力，认为可以通过宗教来得到新生。

诗歌具有复杂的文学典故，包括古典的、圣经的和神话的典故，这些常常引起读者对辉煌的过去作出迅速的反应，从而使诗中的"真理"超越时间和空间的藩篱。同时，这些因素与现代生活的矛盾并置，相互渗透，来表现当时社会的混乱和人们的迷惑。

作品将神话看作是深入到当前的，有意识的经验之下的有效方法。在诗集中，古老神话经常用来表达人类在这荒芜的世界中，在穿透神话意识，获得自我意识的过程中的挣扎和失败。

音乐意象在诗歌中起到了重要的作用。在早期诗歌中，音乐意象倾向于传递一种悲剧性感情，而在晚期作品中，它们又倾向于表达拯救和再生的痛苦感情。音乐意象还暗示了一种语言态度，一种组织形式，以及一种节奏、结构和灵感上的音乐相似性。

艾略特的代表作

《荒原》

这首诗对修辞与文体风格进行了大胆的革新，不仅全面展现了现代西方社会物质上的错乱和精神上的颓废，而且也反映出战后一代人中盛行的幻灭与绝望。

作品描写了西方世界的社会中充斥着的淫欲和粗俗，人们生活得浑浑噩噩，没有追求，也无灵魂可言，这个世界犹如一个地狱一般。人们的历史从古至今都被暴力和罪恶所填写，毫无改变的迹象，而信仰、理想和崇高的精神追求却已消失。在诗的结尾处，作者总结道，只有舍己为人、同情、克制，人类才会有希望。

全诗表现了20世纪社会的荒芜、人类精神世界的颓废和人生的迷茫，表达了在这样的社会中建立有序的人际关系的无望。该诗被誉为20世纪英国诗歌的代表与典范。

法国
文学代表作家

●文艺复兴时期文学

背景简介

随着资本主义生产的日益发展，16 世纪时，法国的资产阶级已经具有强大的经济力量，并借此影响封建朝廷的政治，封建统治的意识形态发生动摇，这便引起了法国的文艺复兴运动。

倡导人身自由、新思想和恢复经典历史的面貌，反对神权、迷信、伪科学和宗教教条的人文主义是法国文艺复兴的指导思想。在这种思想下，法国文学作品对反封建精神进行了深入的探讨和批判。

主要作家

37. 拉伯雷 （约 1494—1553）

弗朗索瓦·拉伯雷出生于号称“法兰西的花园”的法国中部图尔省希农市希农城，父亲是名法官。在希农城，拉伯雷度过了幸福的童年，那里的田园风光和淳朴的习俗给他留下了深刻的印象。

因为拉伯雷的父亲希望拉伯雷成为一名修士，在他十几岁时，便被送到了离家不远的塞乃村寺院。在那里，拉伯雷学习了文学、法学、医学、哲学、拉丁文，并且成绩优异。在此期间，拉伯雷认识了修士皮埃尔·拉米——一名古希腊文化的崇拜者，在拉米的影响下，拉伯雷开始钻研起古希腊文。

拉伯雷学识日益长进的同时，还与一些知名人士密切交往。但修道院的保守派认为古希腊文化都是异端，因此拉伯雷全部的希腊文书籍被没收，并受到了惩治性的禁闭。拉伯雷愤然离开了该修道院，转到了本笃会圣彼得修道院。在那里，拉伯雷受到了爱好古典主义的院长的赏识，被聘为院长的私人秘书和其侄儿的家庭教师。这段时期，拉伯雷广泛接触到了各色人等，对封建法律制度的黑暗和经院教育对人性的摧残有了进一步的了解，这加速了他人文主义思想的成熟。

1528年到1530年间，拉伯雷游学各地，拓宽了视野，并获得了蒙彼利埃大学医学院的学位。1531年，拉伯雷在里昂的罗讷河圣母堂医院当起了医生，因其医术精湛，被尊为医学泰斗。此后的两年里，拉伯雷先后出版了长篇巨著《巨人传》的前两部。虽然该书广受欢迎，但因其对经院哲学、教会、修道院、法官和教育机构的猛烈抨击，此书受到神学院的追究。

拉伯雷对知识的渴求使他重入蒙彼利埃大学医学院，先后获得硕士和博士学位。他在里昂用一具被绞死的犯人尸体作人体解剖，这在当时是为了追求科学真理、不怕触怒教会的非常大胆的举动。

1545年，《巨人传》第三部在国王的特许发行证的保护下，第一次用医学博士拉伯雷的真名发表，并在扉页上，给保护人文主义者著称的纳瓦尔王后玛格丽特·德·瓦洛亚题了一篇献词。这一部作品仍充满了批判和讽刺，并反映了当时社会上关于妇女问题的混乱思想。可是该书出版后不久，国王便去世了，对该书愤懑不已的神学家再次对拉伯雷发起了进攻，即使连玛格丽特也无法保护拉伯雷。最终，小说被列为禁书，出版人被烧死示众，为避难，拉伯雷逃到了边城梅斯。

但拉伯雷并没有因此而放弃创作，于1552年出版了《巨人传》的第四部。该部作品继续讽刺罗马教廷，自然，也受到了与前三部相同的待遇，拉伯雷也因此丢掉了刚担任不久的神甫之职。

1553年4月9日，拉伯雷病死于巴黎。拉伯雷逝世九年后，《巨人传》第四部的续篇《钟鸣鸟》出版。两年后，《巨人传》第五部全部出齐。

拉伯雷的作品特点

作品充满了人文主义思想，反对对圣人遗物的盲目崇拜，反对毫无作用的朝圣，对腐朽的古老制度进行了抨击和讽刺，进而提出人的解放。虽然故事情节荒诞夸大，但都充满了对人的敬意。

作品极富想象力，充满魔幻色彩。充分运用了外国语、外省方言，甚至有新创的词语。运用各种搞笑的艺术，因为拉伯雷认为“笑是人的本质”。

拉伯雷的代表作

《巨人传》

巨人高康大在中世纪的教育环境下，各方面都显得落伍。后来，他请了一位人文主义的家庭教师，在他的教育下，高康大在各方面都有了进步。在第二部中，高康大的儿子庞大固埃在法国进修，在那里他遇到了各种神话人物。在第三部中，第二部出场的巴奴日当上了国王，但因为他挥霍无度，很快便身无分文，为此他求遍所有职业的权威人士，接触到了各种答案，最终决定去找“葡萄酒权威”解决问题。在最后一部中，庞大固埃和巴奴日一同去找“葡萄酒权威”，在这个过程中，他们经历了许多新奇的事。直到在第五部中，他们才终于找到了“葡萄酒权威”，换来的答案却只有一个字“喝”。

在这部长篇巨著中，主人公遇到了各种神话人物，经历了各种荒诞而又有趣的情节。在一连串奇遇中，揭露了统治阶级的恶行，对当时的政治和社会黑暗进行了有力的抨击，充满了反封建和反宗教的精神。同时，也体现了对人的歌颂，体现了人的力量和尊严。

38. 蒙田 （1533—1592）

1533年2月28日，米歇尔·德·蒙田出生于法国波尔多附近的一个贵族家庭。六岁以前，蒙田寄宿在身为农民的教父母家中。他的幼年由只说拉丁语的老师教导，因此以拉丁语为母语。得益于流利的拉丁语，少年时代的蒙田曾在拉丁剧中担任主角。

蒙田二十四岁时任职于波尔多最高法院，以此开始了他的政治生涯，其间，与博埃希成为挚友。六年后博埃希不幸离世，蒙田因此大受打击。此后，蒙田的孩子相继夭折，父亲也离开了人世，蒙田继承了父亲在乡下的领地。因厌倦社会的繁杂生活，向往休闲安逸，所以，蒙田退居蒙田堡，潜心写作，过起了隐居生活。

因为患上了肾结石，蒙田开始了周游欧洲的旅程，并寻找疗法。在欧洲游览期间，蒙田收到一封信，信中请求他担任波尔多市市长。蒙田因为结石的折磨和不想放弃自由的生活，而有所犹豫。当他回国后，便收到了国王亨利三世的亲笔信，邀请他出任波尔多市市长，蒙田无法违抗，只好上任，直至1585年。在担任市长期间，蒙田继续增修《随感录》。

1592年，蒙田病逝于蒙田堡。

蒙田的作品特点

随笔作品涉及面广，几乎无所不谈。结构有意松散自然，但彼此连贯。在随笔中，蒙田将书本知识与个人经验相结合，展现出他独特的思想境界和艺术风格。散文语言摒弃华丽的修饰，行文简洁流畅，多用比喻，使得内容生动形象。

蒙田的代表作

《随感录》

这是一部思想著作。蒙田在书中提出了一个振聋发聩的口号："我知道什么?"在文中，蒙田不仅怀疑别人，怀疑世界，对自己也产生了怀疑，面对日新月异的世界，作者感到自己知之甚少。这一怀疑论的提出，体现了人类在文化心态方面走向了成熟，是人文主义思想的结晶。

同时，蒙田主张只有按照自己的意愿去组织属于自己的自由而独立的生活，才是真正的自由和幸福。

●古典主义时期文学

背景简介

17世纪中期，法国文学在文艺理论和创作实践上以古希腊、罗马文学为典范，故被称为“古典主义”。

法国古典主义文学借用古典文学里的故事，展现了崇高而悲壮的统治阶级的生活。因此，它受到当时的君主专制的政治保护和鼓励，同时，它也为君主专制服务，为其礼赞，推崇君主专制政治所需要的道德规范。

在艺术上，古典主义文学崇尚完整而严谨的结构和明晰而简洁的语言。

主要作家

39. 莫里哀 （1622—1673）

1622年1月15日，莫里哀生于巴黎一个宫廷室内陈设商家庭，本名为让-巴蒂斯特·波克兰。17世纪40年代，法国的戏剧艺术达到了巅峰，而莫里哀的外祖父便是戏剧迷，各种戏剧都不错过。在祖父的影响下，莫里哀对戏剧产生了的热爱。同时，在无神论和自由主义的影响下，莫里哀试图通过戏剧这个具有影响力的形式改良世风。

不过，莫里哀的父亲希望他能子承父业，或做律师。为此，父亲安排莫里哀到贵族子弟学校克莱蒙中学读书，并在他毕业后，为他买了一张奥尔良大学法学硕士的文凭，同时，将自己花钱买的“王室侍从”的身份给了莫里哀。

但是，莫里哀对戏剧的热爱并没有因此而减退。1640年，莫里哀拜来到巴黎演出的意大利著名喜剧演员斯加拉姆希为师。在此期间，莫里哀因对戏剧的爱好与二十二岁的剧团名伶玛德莱娜·贝扎尔结识，并成为一生的挚友。

为了戏剧事业，莫里哀放弃世袭权利，与贝扎尔三兄妹及其他九位热爱戏剧的朋友一同组成了“盛名剧团”，莫里哀在团里负责对外联络事务，并充当悲剧角色。但剧团最终以演出失败而破产，莫里哀也因为剧团的债务问题被拘押起来，由父亲保释出狱。这次失败并没有让莫里哀灰心，他仍继续坚持戏剧理想。

1644年，莫里哀取艺名为莫里哀，并结识了音乐家吕利，开始了两人的合作。次年，莫里哀与贝扎尔兄妹一起加入了老演员查理·迪弗雷尼领导的流浪剧团。在新剧团里，莫里哀集领班、导演、演员、编剧四职于一身。他们离开巴黎，开启了在法国西南一带长达十二年的漂泊生涯。

在这期间，莫里哀广泛地接触了各色人等，对法国社会和人民生活有了深入的了解，同时也学习了当时备受欢迎的闹剧和以演技著称的意大利“即兴喜剧”，这些为他后来成为一名出色的戏剧活动家打下了扎实的基础。

随着剧团负责人查理·迪弗雷尼去世，1652年以后莫里哀成为剧团的负责人，并将剧团重新命名为“盛名剧团”。经过这些年的打拼，“盛名剧团”积累了丰富的舞台经验，阵容也扩大了不少。莫里哀决定将剧团带回法国主要城市，与那些实力雄厚的剧团一较高下。

四年后，莫里哀创作的诗体喜剧《冒失鬼》《爱情的埋怨》先后上演，均获得了成功，这使得巴黎的文艺界也得知了他的剧团。在路易十四的邀请下，剧团在卢浮宫进行了公演，并大获成功。作为奖赏，路易十四授予他们以“御弟剧团”的称号，颁发年俸。自此，莫里哀结束了颠簸的生活，定居巴黎。此后的日子里，莫里哀埋头创作，进入了他创作生涯的黄金期，同时也因为太过勤奋，而患上了严重的肺病。

莫里哀创作的《可笑的女才子》因为对贵族的腐朽生活进行了抨击，而惹恼了贵族势力，遭到了禁演。但莫里哀并没有放弃，并创作出了法国第一部成熟的古典主义喜剧《太太学堂》，这在法国喜剧界中是一部里程碑式的作品。但该剧因为宣扬新思想，对封建主义思想和宗教进行了否定，而再次遭到禁演。为此，莫里哀创作了《〈太太学堂〉的批评》和《凡尔赛宫即兴》两出论战性短剧为该剧进行了辩护，对遭受的攻击进行了反击。

1664 年，莫里哀写成杰作《伪君子》，以此为标志，莫里哀的喜剧创作迎来了最为辉煌的时期。同时，他对封建思想和宗教的抗争也进入了最激烈的时期，并为此创作了《唐璜》和《恨世者》，而其创作的《吝啬鬼》和《乔治·唐丹》是揭露正在上升的资产阶级的两部最佳剧作。

1673 年 2 月 17 日，莫里哀在身体非常不适的情况下，带病参加自编剧目《无病呻吟》的第四次公演。他在舞台上的种种虚弱表现被观众认为是切合剧目内容非常真实的表演，因而赢得了热烈的喝彩。演出刚刚结束，精疲力竭的莫里哀便昏倒在椅子上。大伙赶紧把他抬回家里，并由两名修女守护。晚上十点，莫里哀在一阵咯血后，便与世长辞了。

莫里哀的作品特点

作品虽然不乏风趣、粗犷，甚至闹剧成分，但这些戏剧的情节都很自然，也符合日常生活，并对社会进行了客观的评判。喜剧创作手法丰富，在闹剧中也可以看到严肃的态度。

莫里哀的代表作

《伪君子》

该剧描写了教会骗子答丢夫骗得商人奥尔贡的信任，成为他家的座上宾。在奥尔贡家中，答丢夫想尽办法使其将已有婚约的女儿嫁给他，并图谋夺其财产。在答丢夫即将成功之时，他的阴谋败露，被捕入狱。

这是莫里哀喜剧创作的巅峰，在这出戏中，莫里哀创造了答丢夫这个典型的伪君子的形象。通过他一次次勾引欧米尔，并在这个过程中克服了两个艰难的阻碍，表现出他的伪善、狠毒，强调了以他为代表的上流社会的阴险可怕，深刻地揭露了教会的虚伪和丑恶。

《吝啬鬼》

阿巴贡爱财如命，为了钱财，他不仅对家人和客人极为苛刻，甚至不惜去马棚吃荞麦，也要将吃斋的日子延长。在对儿女的婚姻方面，阿巴贡坚持让他们和有钱人结婚，不允许他们和自己心爱的人在一起，可他却爱上与儿子相恋的玛丽雅娜。一天，阿巴贡发现儿子与玛丽雅娜幽会，同时，又发现他埋在花园地下的金币不见了。阿巴贡痛苦不堪，误认为钱是乔装成用人的贵族青年法赖尔偷去的。在法庭上，误会被化解，而阿巴贡的儿子也与玛丽雅娜喜结良缘。

阿巴贡是世界上四大吝啬鬼形象之一，通过这一人物，莫里哀指出了当人们崇尚“拜金主义”，将钱财当作最主要的东西时，钱财将会主导人类，并形成种种邪恶的力量。

● 光明世纪时期文学

背景简介

18 世纪，法国文学进入“光明世纪”，即启蒙运动世纪。这与英国的启蒙运动的含义相同，此外，法国的“光明世纪”还含有另一层含义：指 18 世纪资产阶级大革命的思想曙光。

启蒙运动的思想家，将文学作为他们宣传启蒙思想的武器，将哲学融于文学之中，形成了哲理小说、哲理戏剧，这些文学形式也成了 18 世纪文学的主流。

主要作家

40. 伏尔泰 （1694—1778）

1694 年，伏尔泰出生于巴黎一个中产阶级家庭，原名弗朗索瓦·马利·阿鲁埃。父亲先后做过法律公证人和审计院司务，因此，父亲也希望他能从事法律行业。而伏尔泰的语言天赋逐渐显露出来，在高中时代便掌握了拉丁文和希腊文，后来又掌握了意大利语、西班牙语和英语。

法律专业毕业的伏尔泰，在巴黎担任一名律师的助手，后来又担任过驻外使馆秘书和法庭书记，这些经历使他有机会接触到上流社会的人，有助于他认清封建专制统治下的种种阴暗。

1717年，伏尔泰因讽刺影射宫廷的淫乱生活而被关入巴士底狱。在被关押期间，他完成了他的第一部剧作《俄狄浦斯王》，并第一次用“伏尔泰”署名。次年，伏尔泰出狱后，该剧在巴黎成功上演，并引起了轰动。这次成功使伏尔泰赢得了“法兰西优秀诗人”的桂冠。

1725年，伏尔泰遭到贵族德·罗昂的诬告，再次被投入巴士底狱。次年，伏尔泰被驱逐出境，开始了在英国的流亡生涯。

在英国的三年时间里，伏尔泰研究了当地的政治制度和风俗民情，并对英国的唯物主义和牛顿的物理学新成功进行了学习，最终形成了他反对封建主义的政治主张和自然神论的哲学观点。在此基础上，伏尔泰完成了他的第一部哲学和政治学专著《哲学书简》。

在法国国王路易十五的默许下，伏尔泰重返法国，并陆续完成了他的一系列作品。五年后，伏尔泰因为出版了抨击法国专职政体的《哲学书简》而被查禁，并再次被通缉。听到消息后，伏尔泰来到女友德·夏特莱侯爵夫人的庄园躲了起来。在这期间，伏尔泰潜心创作，写出了各种不同类型的、日后使他获得巨大声誉的著作。

此后，伏尔泰的处境有所好转，并先后当选英国皇家学会会员、法兰西语文学院院士。1749年，他的女友夏特莱侯爵夫人因难产而去世，伏尔泰回到了巴黎。次年，应普鲁士国王腓特烈二世的邀请，伏尔泰来到柏林。本以为可以在这里施展政治抱负的伏尔泰，却发现国王只是欣赏他的文学才华，安排他做文学侍从。1753年，伏尔泰与国王赏识的科学家莫佩尔蒂发生争执，而国王偏袒莫佩尔蒂，伏尔泰因此离开了普鲁士。

离开普鲁士后，伏尔泰定居瑞士边境的凡尔纳庄园。此后，伏尔泰采取了一系列的行为积极推进了启蒙运动的发展，他也因此被尊称为“凡尔纳教长”。这期间的伏尔泰继续创作戏剧、历史和小说作品。

1778年2月，伏尔泰结束了二十多年的漂泊生活，回到了巴黎，并在那里达到了人生辉煌的顶点。但在不久后，伏尔泰因为尿毒症的发作而卧病不起。即便如此，伏尔泰仍以口述的方式完成了他的最后一部五幕诗体悲剧

《伊蕾娜》，并再次取得成功。

1778年5月30日晚，伏尔泰逝世。这些年来一直遭受他抨击嘲讽的宗教人士得到消息后，拒绝将他安葬，并将他的尸体运出巴黎，丢弃在荒冢。直到1791年法国大革命爆发后，法国政府才对伏尔泰补行了国葬，将其遗体迁葬至先贤祠卢梭墓的旁边。

伏尔泰的作品特点

作品并没有摆脱古典主义的影响，依旧引用古典作品，对当时的社会阴暗面进行了讽刺和抨击。同时，开创了哲理小说这一新的题材，小说以深刻的哲理为思想基础，以荒诞的故事对现实进行了影射和讽刺。

伏尔泰的代表作

《老实人》

淳朴善良，并相信乐观主义哲学的老实人寄居在男爵府上，因与男爵的小姐相爱而被逐出男爵府，开始了他的流浪生活。在流浪生涯中，老实人经历了地震，在地震中，为了防止全城毁灭，教会用荒唐的标准选出了五个人，决定用温火烧死这些人以祈求安全，而老实人不幸被选中。幸好老实人命大，逃脱了出来。此后，他又成为了奴隶。他坚信世界是完美的信念在一次次的不幸遭遇后，终于磨灭。最终通过自身的努力，老实人来到了黄金国，并在那里过上了快乐幸福的生活。

小说通过描写一个老实人的各种遭遇，批判了当时社会流行的盲目的、自欺欺人的乐观主义。提出人们如果想过上真正的好日子，只有摆脱这种乐观主义，进行勇敢的改革。小说在结尾处阐述了作者的总结，人们要靠自己的努力才能获得真正的幸福。

41. 卢梭（1712—1778）

1712年6月28日，让-雅克·卢梭出生于瑞士日内瓦的一个钟表匠家中，母亲在生卢梭时难产死亡。父亲因为对母亲的怀念，而对卢梭格外的好，以致忽略了他的哥哥。受到忽略的哥哥，不久便离家出走，卢梭成了家里唯一的孩子。虽然父亲不是达官显富，但他嗜书如命，这对卢梭产生了深远的影响。

从十四岁时起，卢梭便开始了漂泊无定的生活。他先后当过学徒、仆人、伙计、随从，像乞丐一样进过收容所，贫苦的生活使他学会了撒谎、偷盗，这些不良习惯也在将来成为了敌人攻击他的证据。

然而，卢梭的本性还是喜欢安宁的，他并不想过这样的生活。在这期间，他勤奋自学，在当学徒的时候，他甘愿冒着被惩罚的危险而坚持读书，甚至为了得到书籍而当掉了自己的衬衫和领带。而这般努力，也让他逐渐脱掉听差的号衣，成了音乐教师、秘书、职业作家。

1728年，卢梭出城游玩，回来时城门已关。生活不如意，且刚刚失恋的卢梭索性离开了日内瓦，过起了漂泊无定的生活。在流浪途中，经一位天主教神甫的介绍，卢梭见到了决定他一生命运的华伦夫人。在华伦夫人的介绍下，卢梭来到都灵的一个教养院里。在那里，卢梭认识了品质高尚的盖姆神甫和安纳西的加迪埃神甫，他们成为《爱弥儿》萨瓦牧师的原型。此后，卢梭一直在意大利、瑞士、法国的一些城市之间辗转。

四年后，卢梭在尚贝里长住于华伦夫人家中，华伦夫人对卢梭来说，既是爱人又是母亲。在华伦夫人家中的这段时间是卢梭一生中最美好的时光。但最终因为华伦夫人在感情上背叛了卢梭，伤心之余，卢梭决定结束这种寄人篱下的生活，于是离开了尚贝里来到了巴黎。

在途经里昂时，卢梭认识了马布里等人。经过他们的介绍，卢梭进入了巴黎的上流社交生活圈，但卢梭的学识并没有在那里得到赏识。在短暂的任驻威尼斯大使时期，卢梭认清了社会的不公和恃强凌弱的本质，遂辞去了这份工作。回到巴黎后，卢梭与年轻女佣瓦瑟成为爱人，瓦瑟也在日后的艰难生活中几次将卢梭从危险中救出。随着孩子的出生，卢梭一家陷入拮据，卢梭不得不把孩子一个个送进了育婴堂。之后不久，卢梭与德尼·狄德罗认识，并成为知己。

1750年，卢梭以《论科学与艺术》获得第戎学院征文比赛一等奖，并因此一举成名。随后，卢梭将批判的锋芒由一般的文明批判，转向了现实社会的阴暗面。卢梭的这一变化，在巴黎上流社会中引起了非议，狄德罗等友人也对其进行了指责。

三年后，卢梭以《论人类不平等的起源和基础》论文，表达了他的看法：一切社会不平等和罪恶的根源，归根到底都产生于私有财产，一切进步只是促成了个人的完美化，但却将整个人类引向了没落。因为观点太过“标新立异”，使卢梭与狄德罗反目，且与伏尔泰成为一生的敌人。自此他在思想上与巴黎沙龙圈中的文人们日益疏离。

在埃皮奈夫人的邀请下，卢梭与瓦瑟和她的母亲一同来到埃皮奈夫人为他准备的“退隐庐”中居住。埃皮奈夫人的小姑子乌德托夫人的偶然来访，使卢梭再次陷入了爱情的体验中，从而为他的《新爱洛伊丝》增添了新的灵感和激情。但这段感情却招来了社会上的非议，乌德托夫人在压力下与卢梭分手。不久，在狄德罗等人的推波助澜下，卢梭与埃皮奈夫人的友谊也彻底决裂。卢梭留给埃皮奈夫人一封措辞激烈的绝交信后，便愤而离去。

卢梭桀骜的性格和敢说敢言的行为为他树敌无数，受到了巴黎贵族、文人，甚至包括伏尔泰、狄德罗等人的暗中攻击，法国境内掀起了一场声讨卢梭的浪潮。1760年，卢梭得知自己前几年写给伏尔泰的一封信未经他本人许可便在柏林公开发表时，他对伏尔泰的背信弃义感到义愤填膺，于是给伏尔泰写了一封语气强硬的绝交书。

1761年，《新爱洛伊丝》风靡整个法国，卢梭再次名动法国。刊印卢梭著作的书商建议他趁势写一部自传，但卢梭并没有接受建议。然而随着《爱弥儿》的出版，事情发生了巨大的反转。1762年6月11日，《爱弥儿》在荷兰出版还不到二十天，这部书就在巴黎正义宫大楼前被公开烧毁，紧接着，法国政府下达了逮捕卢梭的通缉令。卢梭被当作“疯子”、“野蛮人”而遭到迫害，开始了逃亡的生活。逃到瑞士日内瓦，瑞士当局也下令烧他的书，并且日内瓦小议会也发出了对卢梭的通缉令。卢梭只好逃到普鲁士的属地莫迪亚，可当地教会发表文告宣布他是上帝的敌人，他再次流亡到圣彼得岛。即便如此，当普鲁士国王弗雷德里克二世要给予卢梭资助时，卢梭立刻拒绝了，并表示“宁愿啃树根，也不愿接受国王的一块面包”。

在卢梭最为落魄的时候，伏尔泰写了《公民们的感情》，对卢梭的个人生活和人品进行了攻击。在这本小册子的煽动下，民众把卢梭看成一个丧尽天良的怪物。卢梭的所有敌人也借机发表文章，落井下石。为了使自己免于被不明真相的公众误解以致成为全民公敌，卢梭在接下来流亡的一年里怀着悲痛的心情写起他的自传。

卢梭在伯尔尼刚完成《忏悔录》的第一章，伯尔尼政府就下令驱逐他。走投无路的卢梭恳求伯尔尼当局将他投入监狱中，在他看来只有在监狱中他才能安宁地度过余生。幸好，在英国哲学家大卫·休谟的帮助下，卢梭来到英国，并在那里完成了《忏悔录》第五章前半部分。但此时的卢梭已疑神疑鬼，精神陷入崩溃，对身边的任何人都不信任，也因此与休谟反目。卢梭与瓦瑟离开了英国，回到法国。因为法国的通缉令还没有解除，卢梭过起了隐姓埋名的生活，但同时，他仍坚持创作，并在特利堡写完第五章、第六章，自此完成了《忏悔录》的第一部。

1768 年，卢梭与瓦瑟正式结婚。次年，卢梭在外省逃避追捕期间，开始创作《忏悔录》的第七章到第十二章，即第二部的大部分内容。1770 年 6 月，卢梭与瓦瑟终于重返巴黎，并于 11 月完成《忏悔录》。

《忏悔录》在巴黎受到埃皮奈夫人等贵妇的极力诋毁。卢梭也曾为自己的遭遇鸣不平，在路上向路人发传单，试图得到他们的理解，但得到的却只有人们的耻笑和轻蔑。卢梭彻底失望了。

当卢梭听到伏尔泰去世的消息后并没有感到振奋，反而心情沉重地说：“我与他的存在是相互连在一起的，他如今已死，我也将不久于人世！”1778 年 7 月 2 日早晨，卢梭死于因严重的尿毒症而引起的中风。

卢梭死后的几年里，《忏悔录》和《一个孤独的散步者的梦想》相继问世。1789年8月26日由法国制宪会议通过的著名的《人权宣言》充分体现了卢梭提出的“天赋人权”、“主权在民”、“自由”和“平等”的思想。法国大革命的领袖不分派别都对卢梭推崇备至。1794年，法国国民公会将卢梭的遗骸迁葬于巴黎先贤祠。

卢梭的作品特点

作品里充满“自我”意识和强烈的个性解放的精神，并对卢梭敏锐而痛苦的感受进行了深入的挖掘。作品深入挖掘了资产阶级个性与社会现实的矛盾，并将资产阶级人道主义的基本原则进一步具体化为自由、平等的社会政治要求。同时，也充满了对自然的热爱。

卢梭的代表作

《新爱洛伊丝》

贵族少女尤丽与家庭教师圣·普乐相爱，但遭到了父亲的反对。在父亲的强迫下，尤丽嫁给了一个年近五十的大贵族德·伏勒玛。圣·普乐又成了他们儿子的家庭教师。尤丽虽然仍爱着圣·普乐，但因为宗教和道德的约束，而没有勇气与他在一起，最终抑郁而终。临终前，尤丽告诉圣·普乐，希望他们能在天堂中相见。

小说中的男女主人公感情丰富，他们的爱情真实感人，却受到了封建礼制和天主教会的约束和阻碍，最终，朱丽在爱情与义务的冲突下死去。

通过他们的爱情悲剧，小说对封建统治阶级和封建制度的各种弊端进行了严厉的抨击，表现了人们对于突破封建专制和教会约束，追求自由的渴望。

●浪漫主义时期文学

背景简介

随着1789年法国大革命的胜利和资本主义社会制度的建立，启蒙运动随之宣告结束。在大革命和新社会制度的影响下，更具革新精神和政治色彩的浪漫主义在1798年成为当时社会的主流创作思潮。

1830年前，是以抒情诗为主的浪漫主义开创阶段，此后，浪漫主义迎来了创作的高潮期，小说、诗歌、戏剧等文艺形式均得到了空前的发展。此时，现实主义文学也开始了萌芽，两种文学形式之间相互影响，在创作理念上也有所掺杂。

主要作家

42. 拉马丁 （1790—1869）

1790年10月21日，阿尔封斯·德·拉马丁出生于勃艮地的一座别墅里，在充满温情的家庭气氛中度过了金色的童年。少年时期，拉马丁对《圣经》、卢梭和夏多布里昂的作品十分着迷。

成年后，拉马丁分别在意大利的那不勒斯和法国温泉区结识了两个对他人生产生深刻影响的女人：格拉奇拉和当时已为人妇的查理夫人。这两段感情都给拉马丁留下了不同程度的创伤，对他的创作起到了激发的作用。拉马丁为此分别创作了《格拉齐拉》和《沉思集》。尤其是《沉思集》，这部作品是在拉马丁与查理夫人相恋一年后，查理夫人病逝之后创作的。拉马丁将其对查理夫人的追念和查理夫人去世带给他的各种关于人生及时光的思考，都倾注在了这部诗集中。查理夫人去世三年后，《沉思集》出版面世。该集一经出版便受到了上流社会的热烈欢迎，在文学界也受到了颇多赞誉，被认为是法国诗坛划时代的作品，拉马丁也凭借这部诗集一举成名。

成名后的拉马丁在政界也一路平坦，1825 年，拉马丁在法国驻意大利使馆开始了长达三年的大使生涯。此后，拉马丁被选为法兰西语文学院院士。七月革命后，拉马丁的政治立场转向自由派，并成为议员。1848 年，拉马丁迎来了政治生涯的高峰，成为临时政府实际上的领袖，并出任外交部长。

1848 年 12 月 10 日，拉马丁的政治生涯随着他在总统选举中与拿破仑三世的竞争失败而告终。此后，拉马丁不再过问政治，潜心进行创作。

1869 年 2 月 28 日，拉马丁在巴黎去世。

拉马丁的作品特点

前期的诗歌由于受到感情的创伤，因而充满伤感。此后，在宗教的影响下，作品中的悲观情绪才得以缓解。其诗歌创作并不注重技巧，语言质朴，尊重感情的自然流露。

拉马丁的代表作

《沉思集》

这部诗集是拉马丁在恋人去世后，对于爱情、死亡、大自然和上帝的思考和感悟。拉马丁借助诗集中的《湖上吟》，忧伤地回忆了他与恋人在湖上泛舟的情形，而这一切的美好如今已消逝了，拉马丁写道："就这样我们一直被推送到新岸，被永不复返地带往永恒的黑夜，难道我们永远不能在岁月的汪洋中抛锚，停留一日吗?"他的心声在这里有了真实表露，诗集一直萦绕着这种悲伤而凄美的感觉。

43. 雨果（1802—1885）

1802年2月26日，维克多·雨果出生于法国东部的贝桑松城，父亲是拿破仑手下的一名将军。年幼的雨果跟着四处征战的父亲东奔西跑，直到十岁时，拿破仑在俄国征战失败，雨果才结束了奔波的生活，随母亲回到法国。

回国后，雨果与长兄一起到寄宿学校读书，并共同创办了《保守文艺双周刊》杂志。后来，雨果爱上了阿黛尔，但这段恋情遭到了母亲的反对。

1821年，杂志停刊。一个月后，雨果的母亲不幸去世，三天后，雨果便于阿黛尔私下订婚。接下来的一年对雨果来说爱情事业双丰收：6月，雨果出版了他的第一部诗歌集《短歌集》，并获得国王路易十八颁发的赏赐；10月12日，雨果与阿黛尔在巴黎完婚。婚后的雨果坚持创作，并于1827年12月发表了韵文剧本《克伦威尔》，虽然未能上演，但该剧本的序言被誉为“浪漫主义宣言”。

1830年2月25日，雨果的浪漫主义剧本《欧那尼》在巴黎法兰西剧院举行首场演出，引起轰动。同时，这部剧引起了以雨果为首的浪漫主义文人与伪古典主义文人在剧场内外的斗争，四十五天后浪漫主义获得最后的胜利。紧接着，雨果出版了《巴黎圣母院》。

三年后，雨果与女演员朱丽叶特·德鲁埃坠入爱河，两个人虽然并没有结合，但携手度过了五十年的风雨岁月。即使在雨果被流放的日子里，德鲁埃也对他不离不弃。

在政治方面，雨果先被国王授予“法兰西世卿”称号，获得法国贵族爵位，此后又接连当选为立法议会议员、国际和平之友大会主席，并成为社会民主派的领袖。在任职期间，雨果开始创作《悲惨世界》。

当路易·波拿巴发动政变，建立法兰西第二帝国时，以雨果为首的左翼对此奋起反击，发表宣言号召巴黎人民起义，但他们的反击行动遭到了失败。雨果不得不化名离开了巴黎，开始了流亡生涯，先后流亡到比利时、英属泽西岛、英属盖纳西，并最终停留在盖纳西。虽然波拿巴后来进行了大赦，其中包括雨果，但雨果却拒绝了，继续他的流亡生活。

1861 年 11 月 25 日，雨果向英国上尉写信抗议英法侵略军劫掠中国圆明园的罪行，谴责英法在华的殖民地主义政策。

直到波拿巴政府倒塌，法兰西第三共和国成立，雨果才结束了流亡生涯，回到巴黎，受到巴黎人民的热烈欢迎。当普法战争爆发，普鲁士军队直逼巴黎时，雨果报名参加了国民自卫军，捐款铸造大炮。次年，雨果当选议员，再次开始了政治生涯。四年后，雨果出版了最后一部小说《九三年》。

1885 年 5 月 22 日，雨果因患肺炎与世长辞。6 月 1 日，法国政府为雨果举行隆重的国葬仪式，其灵柩被运入巴黎先贤祠。

雨果的作品特点

爱一直是作品的主题。虽然作品中的人物有不少都奇丑无比，然而他们的心地却无比善良，闪烁着爱的光芒。在作品中充盈着“丑，即是美”的观念。

作品具有丰富的想象力，充满了人道主义精神，这些特点在高昂、热情、富有感染力的语言的陈述下，形成了极富魅力的艺术特点。

作品的创作风格，在已成为浪漫主义文学的经典后，借鉴了现实主义风格，并写就了几部成功的现实主义作品。

雨果的代表作

《悲惨世界》

因盗一条面包坐牢后被释放的冉阿让在社会上处处受到歧视，虽然被主教收留，却因再次偷窃而被警察抓住。但在主教的帮助下，他没有被捕。冉阿让备受感动，决心洗心革面。

经过努力冉阿让，成为受人尊敬的市长和厂长。因为不了解情况，冉阿让辞退了受人鄙视的单亲妈妈芳汀。之后，冉阿让又解救了因贫苦而成为妓女的芳汀，但与此同时，却被警察沙威发现他就是逃犯。为了芳汀，冉阿让打晕了沙威，与她一同逃脱。芳汀在弥留之际，将自己的女儿珂赛特托付给了冉阿让。芳汀去世后，冉阿让立刻动身前去解救珂赛特。

当冉阿让见到珂赛特的时候，她已受尽了虐待，冉阿让十分心疼她，即使被收养她的德纳第夫妇敲诈了一大笔钱，他也毫不退缩。最终冉阿让带着珂赛特回到了巴黎，两个人过上了幸福的生活，但沙威使得冉阿让不得不随时警惕着。

之后，巴黎爆发革命，为了珂赛特，冉阿让经历了种种困境，最终帮助珂赛特找到了幸福。因为身份的问题，冉阿让宁愿孤独终老，也不拖孩子的后腿，在珂赛特结婚之际，冉阿让选择了离开。

这是一部融合了浪漫主义和现实主义的杰作，以五卷的巨幅，串起了法国历史上滑铁卢和共和党起义等历史事件，史诗般的篇幅记录，探讨了一系列的社会问题。在揭露资本主义社会种种弊端的同时，指出人道主义才是最高的法律，唯有道德感化才是拯救社会的良方。

《巴黎圣母院》

在主显节和愚人节的当天，神父克洛德在游行的街道上对跳舞的吉卜赛少女爱斯梅拉尔达一见钟情。自此，向来清心寡欲的克洛德魂不守舍，想尽办法要占有她，并于当天晚上就让喀西莫多到小巷中将爱斯梅拉尔达俘虏过来。但在喀西莫多行动的时候，呼救的爱斯梅拉尔达被近卫弓箭队队长法比斯营救，而喀西莫多也被抓捕。回到由乞丐等下层人民组成的“奇迹王朝”之后，为了救落魄诗人甘果瓦，爱斯梅拉尔达答应与他结婚，形成表面上的夫妻。

次日，被捕的喀西莫多在广场上遭受鞭刑，而克洛德却不管不问，反而是爱斯梅拉尔达给喀西莫多送了水，这让喀西莫多感动不已。此后，喀西莫多成了圣母院的敲钟人，在钟楼上的喀西莫多每天欣赏着爱斯梅拉尔达在广场上的舞姿。

因英雄救美那一段经历，爱斯梅拉尔达爱上了风流成性的法比斯。两个人在一家小旅馆幽会。当得知这个消息后，克洛德愤怒异常，乔装前往旅馆刺杀法比斯，却未遂而逃。爱斯梅拉尔达被误认为凶手，在屈打成招后，被判绞刑。之后，克洛德来到地牢中，向爱斯梅拉尔达坦白了一切，并请求她与自己一同离开，但爱斯梅拉尔达拒绝了他。在行刑之时，喀西莫多赶往刑场，救出了爱斯梅拉尔达，前往圣母院。

被称为“女巫”的爱斯梅拉尔达在圣母院的日子并不好过，法比斯也拒绝见她。为了救她，“奇迹王朝”里的众人攻向圣母院，最终被国王的部队血腥镇压。在混乱之际，克洛德让甘果瓦骗出了爱斯梅拉尔达。虽然救出了爱斯梅拉尔达，但克洛德还是想得到她。爱斯梅拉尔达拒绝后，被官兵抓捕，克洛德发出一阵狞笑。喀西莫多认清了克洛德的真面目，一怒之下，将他推下了楼顶，克洛德当场毙命，喀西莫多也就此失踪。当人们在两年后找到喀西莫多的时候，只看到他与爱斯梅拉尔达的尸体，两个人紧紧地抱在一起。

作品中广泛运用了对比的手法，对善良与伪善、美与丑、外形与内心等进行了比对，达到了强烈的艺术效果。作品展现了在封建制度和教会统治下，底层人民的悲惨命运，并以此对封建制度和教会进行了无情的抨击。

44. 大仲马 （1802—1870）

1802 年 7 月 24 日，亚历山大·大仲马生于法国东北部的一个贫困家庭。父亲曾任军方总司令，可是因为与拿破仑产生矛盾，而被囚禁，释放后因得不到重用，而贫穷落魄。四岁时，父亲带着大仲马前往巴黎寻求往日战友的帮助，但战友们对其颇为冷淡。不久，父亲抑郁而亡，大仲马与母亲相依为命。大仲马的幼年过得十分悲苦，并没有接受什么教育，成年后在公证人事务所当了一名见习生。

在酒吧的一次赌博中，大仲马赢了一大笔钱。这笔钱唤起了他前往巴黎的憧憬，当天晚上大仲马便告别了母亲，前往巴黎。在父亲的老战友福阿将军的帮助下，大仲马成为奥尔良公爵府上的公务员，生活也因此有了保障。此后，大仲马将母亲接到了巴黎，为了增加收入，他开始替法兰西剧院誊写剧本。在这个过程中，大仲马被戏剧吸引，并尝试自己创作剧本。在成名前，天性风流的大仲马在落寞时与邻居女裁缝卡特琳·拉贝育有一私生子，即后来的小仲马。

在经过多年的磨炼后，大仲马的《亨利第三和他的宫廷》于1829年2月11日在法兰西大剧院公演。这出戏剧让大仲马一举成名。奥尔良公爵为大仲马提供了图书馆的助理管理员的工作。大仲马在两年后辞去了工作，开始了全职创作，并推出了同样备受好评的《安东尼》。这两部剧作，让大仲马在短时间内成为巴黎戏剧界最红的剧作家。

1844年，大仲马在巴黎西部远郊的圣日耳曼昂莱，创作了他的小说著作《三个火枪手》，同时着手创作巨作《基度山伯爵》。这两部作品奠定了他的文坛地位，并使得他名利双收。《基度山伯爵》成功后，大仲马一直以基度山伯爵自称，并于三年后，在圣日耳曼昂莱的一座山脚下，买下了一块风水宝地。在那里，大仲马斥巨资，在山的一个坡面建造了城堡。1847年7月25日，城堡建成，大仲马在这里大摆宴席，宴请了六百多名客人。这种盛况持续了几年的时间，许多前来赴宴的客人都不知道城堡的主人是谁。在客人们尽享美食盛宴的时候，大仲马则在屋子里进行文学创作。

此后，大仲马因为政治问题，遭到了短暂的流放，又因为长期的挥霍而在1852年破产。为了躲避债主，大仲马离开了法国，直到得到债主的宽限，大仲马才回到了法国。为了还清债务，大仲马每年都有作品和剧作发表。这期间，大仲马也曾办过报刊，但只维持了一年便失败了。这些年，大仲马都过着艰难的生活。

1870年，大仲马爱上了漂亮的美国女演员阿达·孟肯，并认定她就是自己一生的伴侣。为了享受这份爱情，大仲马停止了创作。但这份甜蜜并没有维持多久，阿达·孟肯便在一次拍戏中坠马身亡。大仲马为此深受打击。同年12月5日，在阿达·孟肯去世半个月后，大仲马在法国西北部上诺曼底的乡间去世。1872年大仲马的灵柩被移往故土安葬。

2002 年 11 月 30 日，大仲马是继伏尔泰、卢梭、雨果、左拉和马尔罗后，第六个入葬巴黎先贤祠的文学家。时任法国总统的希拉克和总理拉法兰都出席了入葬仪式。

大仲马的作品特点

作品善于在历史事件中加入作者个人的幻想，在真实的背景下，融入了浪漫的奇遇，创作出更具有吸引力的历史故事。严格来说，作品不算是历史小说，而是历史演义。

小说情节曲折离奇，层次分明，充分显示出编织和叙述文章的技巧。小说中的人物也描绘得非常生动，性格丰富多彩，给人以立体感。

大仲马的代表作

《基度山伯爵》

船长邓蒂斯远洋归来，在与女友麦西蒂斯结婚时，却被情敌费南诬告，成为了极度危险的政治犯，被投入了死牢。在那里，坚信自己是无辜的邓蒂斯在长达十四年的囚禁中也开始自暴自弃，后在一名神甫狱友的帮助下，他想明白了自己是被谁害的，同时也知道了在基度山上埋藏着大量的宝藏。

神甫死后，邓蒂斯按照神甫的计划，逃出了监狱，并找到了基度山，也因此成为了富翁，有了一定的社会地位。富有的邓蒂斯先报答了帮助过自己的恩人后，便开始了他的复仇计划。通过缜密的调查和计划，邓蒂斯将自己的仇人弄得身败名裂，或死或疯。邓蒂斯复仇成功后，带着收养的总督的女儿远走高飞了。

小说描述了一起布置周密，情节复杂，涉及七十多个人物的复仇计划。内容繁密，但被安排得井井有条，三次复仇描述得各有特色。最终这次横跨波旁复辟王朝和七月王朝两个时期的复仇行动取得了成功。小说彰显了大仲马在描述事件和人物、掌控庞大故事场面和史诗题材的深厚功力。

45. 乔治·桑（1804—1876）

1804年7月1日，阿尔芒迪娜·吕西·奥罗尔·杜班（乔治·桑原名）出生于巴黎的一个军官家庭，四岁丧父，随祖母在乡下长大。1822年，奥罗尔·杜班与一个男爵结婚。但他们的婚姻仅维持了九年，便出现了问题。奥罗尔·杜班离家出走到巴黎，开始独立生活和写作生涯。

在巴黎，奥罗尔·杜班以“乔治·桑”为笔名，发表处女作《印第安娜》，并借此一举成名。成名后，乔治·桑热衷于女扮男装参与社会活动，尤其是一些当时禁止女性参与的活动。她的这一行为在当时被看作是离经叛道的行径，她也因此成为了当时的风云人物。

成名后的乔治·桑与丈夫正式离婚，此后她先后与缪塞和“钢琴诗人”肖邦相恋，并以这些感情为基础，创作并发表了《莱莉亚》《雅克》和《莫普拉》。但她与他们之间的感情并没有维持多久便结束了，此后的乔治·桑将写作的主题转向了关注社会不公现象的“社会问题小说”，并写出了她成就最高的作品《康素爱萝》。

1846年，乔治·桑的创作方向又转向了田园文学，并在同年发表了著名的田园小说《魔沼》。这部作品也为她晚期的作品奠定了基调。

路易·菲力浦下台后，乔治·桑开始为刚成立的临时共和政府服务，并为临时政府的公共教育部及内政部撰写公报。但临时政府不久便遭遇工人暴动。迫于暴动的压力，乔治·桑离开政坛，回到诺昂，彻底告别了政治，并再次回归到田园文学。

在卢梭的《新爱洛伊丝》的影响下，乔治·桑接连创作了《弃儿弗朗索瓦》《小法岱特》《我的生活》。1859年，乔治·桑发表《他与她》，追忆了她与缪塞的恋情。

晚年的乔治·桑在自己的诺昂庄园，与当时法国文坛的著名作家如福楼拜、小仲马、巴尔扎克等人经常聚会、切磋。

1876年，乔治·桑在诺昂去世。

乔治·桑的作品特点

作品充满浪漫气息和牧歌式的民主主义的思想内容，家乡的田园风光是她描绘的重点。

晚期的作品则将描写对象对准了农民生活，这在贵族传统根基深厚的法国文学史上是没有先例的。尽管农民的生活在田园牧歌的乡村背景中被理想化，但仍具有划时代的意义。作品中采用糅合了土语的朴素法语，具有浓郁的乡土气息。

作品风格独树一帜，行文柔美、含蓄、流畅，带给读者愉悦的阅读体验，同时其内容也发人深省。

乔治·桑的代表作

《魔沼》

小说的情节非常简单，描写了两个分别拒绝了富有的富婆和农场主的追求后终于走到一起的农民，歌颂了农民不为富贵所动，勇于追求美好爱情的美好品德。小说对农村的风俗和景色描写，展现了大自然的绚美和田园生活的清幽。这是乔治·桑田园小说的代表作，被誉为乡村小说中的“宝石”。

《印第安娜》

小说通过描写一个因为其丈夫的放纵和残暴而失望，梦想追求独立和爱情的女人主人公印第安娜，提出了妇女解放的问题。最终在印第安娜的追逐下，她与童年时的男友在印度隐居，过上了她所渴求的幸福生活。因为女性在这部小说中所体现出的独立和勇敢，以及作者对这种想法的赞同，这部作品在当时引起了社会的密切关注。

46. 缪塞（1810—1857）

1810年，阿尔弗莱·德·缪塞出生于巴黎的一个贵族家庭。缪塞从小便表现出了文学天赋，十四岁开始写诗，十九岁时便凭借诗集《西班牙与意大利的故事》的出版而一夜成名。此后，随着长诗《罗拉》的发表，缪塞的文学地位进一步得到了巩固。

成名后的缪塞结识了乔治·桑，并开始了两年的爱情长跑。这段感情对缪塞产生了深远的影响，所以，当他们最终分手时，悲痛的缪塞耗费了三年的时间，创作了诗集《夜歌》，来表达对乔治·桑的思念。其间，缪塞还创作了自传性的长篇小说《一个世纪儿的忏悔》，并在其中描述了他与乔治·桑之间的爱情纠葛。

分手后的这段时间，缪塞达到了他文学创作的高峰，完成了他最著名的“四夜组诗”，即《五月之夜》《十二月之夜》《八月之夜》和《十月之夜》。

1857年，缪塞英年早逝。

缪塞的作品特点

诗歌充满想象，感情热烈而丰富，称赞并渴望一切美好的事物。为此，作品不仅注重语言的优美，而且对形式也要求具有美感。

小说作品结构仍保持其艺术性，笔调轻盈，充满激情，并具有极其深刻的心理描写，使作品具有震撼人心的艺术感染力。

缪塞的代表作

《一个世纪儿的忏悔》

出生于大革命时期的奥克塔夫，长大后面对复辟时期的各种动荡，而感到前途迷茫。为此，奥克塔夫将希望寄托在一个寡妇身上，希望从与她的爱情中寻求幸福。不幸的是，因为奥克塔夫自身性格的问题，他们之间的关系最终还是破裂了。

小说通过主人公的爱情纠葛，表现了拿破仑帝国崩溃后，年轻的一代因幻想的破灭，以及面对复辟王朝下的种种社会阴暗而产生出一种灰暗的忧郁情愫，最终陷入了失望的深渊，以颓废的方式打发他们的青春。展现了复辟王朝下，年轻的一代所处的令人窒息的环境。行文隐含强烈的对复辟王朝的愤懑，是反映“世纪病”的代表作。

●前期现实主义文学

背景简介

19世纪的法国，在1789年的法国大革命和1871年的巴黎公社起义这两次历史事件的影响下，充满动荡和变幻。社会的各个方面都受到了这种动荡的影响，文学也没有例外。

这期间，各种“主义”相继登场，其中，影响最广、最有成就，而且持续时间最长的主流文学，便是现实主义文学。

现实主义文学的前期阶段还是比较模糊的，被称作现实主义大师的司汤达和巴尔扎克在世时，并没有这个“主义”。直到他们已不在人世的19世纪50年代，才有小说家尚弗勒里和画家库尔贝率先提出“现实主义”这个概念。随后，《现实主义》刊物以司汤达和巴尔扎克为楷模，确立了以客观反映普通人的日常生活为主旨的现实主义文学。

法国的现实主义文学与欧美其他国家的现实主义文学有相似性，如真实地反映现实，对现实的阴暗面进行无情地批判。也有其独有的特征，如：在其政治事件的影响下，具有强烈的政治色彩；具有一定的哲理性；由于所跨的时间很长，受到各种文学潮流和文学主义的影响，法国现实主义的前期具有浪漫主义精神，后期有自然主义色彩。

主要作家

47. 司汤达 （1783—1842）

司汤达原名亨利·贝尔，1783 年 1 月 23 日出生于法国东南部格朗诺布城的一个著名律师家庭。因为有意大利血统的母亲思想开放，并能接触到但丁等意大利作家的原著，对司汤达的成长和今后的创作有着深远的影响。

在母亲的影响下，司汤达六岁的时候便能真切地理解当时法国的形式，并为巴黎人民攻克巴士底狱而高兴。不幸的是，在司汤达七岁的时候，母亲因产褥热而去世。此后，司汤达经常到热爱文学的外祖父家居住。在外祖父家中，司汤达接触到了更为广泛的世界名著。但四年后，外祖父便因为政治原因被捕。这之后，司汤达由一名苛刻的教士教育，他使司汤达对宗教产生了仇恨。

司汤达在按照资产阶级的革命思潮和教育思想建立的格勒诺布尔的中心学校上学。三年后，在亲戚的帮助下，司汤达中学毕业后加入了陆军。之后，司汤达作为政府的书记员，随军攻向意大利，并在米兰度过了很长一段时间，此后又转战于整个欧洲。

为了求学，司汤达选择了退伍，回到巴黎。在那里，司汤达与女演员梅拉妮·吉尔贝陷入爱河，甚至为了她而放弃学业，一起去了马赛。司汤达的父亲知道这件事后非常气愤，断绝了对司汤达的经济支持。但司汤达并没有因此而放弃这段感情，为了生活，他在一个蔬菜商那里当起了一名营业员。即便如此，梅拉妮·吉尔贝还是放弃了他，而与一个俄国人结了婚。悲痛欲绝的司汤达重新返回了巴黎。

回到巴黎后，司汤达加入共济会的分会——圣加洛林会，并在部队中就职，跟随拿破仑远征俄国。战败后，他取道柯尼斯堡撤回巴黎。

1814 年，拿破仑被迫退位，波旁王朝复辟。为了不受牵连，7 月 20 日，司汤达主动离开了巴黎，定居意大利米兰。1817 年，《罗马、那不勒斯和佛罗伦萨》在伦敦出版，司汤达这个笔名第一次出现。在米兰，司汤达结识了英国浪漫主义诗人拜伦，两个人都同情并声援意大利烧炭党人的活动。当时控制着意大利北部的奥地利政府认为司汤达是烧炭党人，为此，司汤达被逐出了米兰，他只好再次回到巴黎。

在复辟王朝后期的黑暗统治下，司汤达过着极为清贫的生活。在这段时间里，他出版了《论爱情》(1822) ——此书在十一年中只卖出 17 本，尽管它日后很有名，以及《拉辛与莎士比亚》(1823—1825)、《罗西尼的生平》(1823)、《罗马漫步》(1829) 等关于政治、文艺的评论文章。

1827 年，司汤达出版了他的第一部小说《阿尔芒斯》，并开始创作《红与黑》。两年后，司汤达发表了著名短篇小说《法尼娜·法尼尼》。

七月革命后，司汤达被新政府提名为驻特里斯特大使，但遭到了奥地利政府的拒绝，司汤达被调往奇维塔韦基亚。1830 年 9 月，司汤达启程前往任职地。同年 11 月，《红与黑》在巴黎出版，但仍没有引起反响。从政期间，司汤达因不断犯错，陷入了最困难的时期，经济拮据，疾病缠身，直到他去世前，一直都没有好转。1835 年 1 月，司汤达被提名为荣誉军团骑士。四年后，司汤达以 1800 年在米兰的生活为背景，出版了他的最后一部作品《巴马修道院》，而这部作品也终于为他带来了真正的成功。两年后，司汤达便因为中风而回到巴黎休养。

1842 年 4 月 22 日，司汤达在晚上散步时，再次中风，于次日清晨在旅馆里不幸去世。24 日，司汤达的遗体被葬在蒙马特墓地。

司汤达的作品特点

作品以现实主义为主导，糅合了浪漫主义成分，坚持“真实”、“朴素”、“准确”、“热烈”的创作准则。在这些准则下的作品真实地刻画了社会现实。小说对典型环境中典型人物进行了精辟的心理分析。这些特点使得作品深刻地反映了当时的政治斗争和社会矛盾。

司汤达的代表作

《红与黑》

渴望跻身上流社会的木匠儿子于连，因为精通拉丁文而成为了市长孩子的家庭教师，并因为能够背下拉丁文的《圣经》而成为市里的名人。凭借自己出众的语言能力和相貌，他得到了市长夫人德·瑞那的爱慕。他们产生了真正的爱情，但关系败露后，于连不得不离开市长家。他进入阴森可怖的神学院学习，教派斗争防不胜防，他于是随去职的彼拉院长到了巴黎。成为德·拉·木尔侯爵私人秘书的他，由于才能出众，被侯爵的女儿玛特儿喜欢上。他们结为夫妇，侯爵虽极力反对，但最后无可奈何。于连因此名利双收，初步实现了他个人的野心。但贵族阶级和教会狼狈为奸，设下圈套，通过教会特务威逼市长夫人写了揭发于连的告密信，他和玛特儿的婚约因此被侯爵取消。于连恼羞成怒，枪击了市长夫人，因而被处死刑。

小说以平民知识分子于连的奋斗经历为线索，描述他为了得到权力，分别在官僚机构、贵族和教会的生活和经历。通过这一线索，小说揭露了官僚、贵族和教会三方的阴暗、虚伪和险恶的一面。

于连所处的时代正是法国王政的复辟时期，小说表现了复辟派对共和派和人民革命浪潮的恐惧和仇视。而书名的“红”与“黑”则恰当地象征了两个时代的激烈冲突。

48. 巴尔扎克 （1799—1850）

1799 年 5 月 20 日，巴尔扎克出生于法国图尔市一个中产阶级家庭。1814 年，巴尔扎克随父母迁居巴黎，两年后，进入巴黎法律专科学校。在校期间在律师事务所当过文学和律师的助手。这段经历让巴尔扎克对社会有了深入的了解。

大学毕业后，巴尔扎克不顾父母反对，开始文学创作，但他的作品一直得不到认可。1822 年，巴尔扎克在人生的最低谷时，认识了洛尔·德·贝尔

尼夫人。巴尔扎克认为她对他的文学生涯有决定性的影响，是她将他造就成为真正的作家。

为了生活，巴尔扎克开始办实业。1825年，巴尔扎克与一出版商合作，从事出版业，后来又办了印刷厂。但仅仅过了三年巴尔扎克的实业便宣告经营失败，他也因而负债累累。巴尔扎克为了躲债而来到了偏僻的卡西尼街，再次踏上了写作之路。这些苦难为巴尔扎克今后的创作积累下了丰富的经验。

长篇小说《舒昂党人》的面世，初步奠定了巴尔扎克在文学界的地位。此后，他把这部作品和计划要写的九十多部小说总命名为《人间喜剧》，并为之写了《前言》，阐述了他的现实主义创作方法和基本原则，从理论上为法国批判现实主义文学奠定了基础。此后，巴尔扎克以“一个年轻的单身汉”署名出版了《婚姻生理学》，并进入了社交界。但很快，巴尔扎克便与贝尔尼夫人来到“石榴园”隐居。因为身负巨额债务，他不得不更加努力地创作。巴尔扎克也经营过杂志社，但仍以失败告终，债台高筑使他不得不四处躲债。

1839年，巴尔扎克任“文学家协会”主席，并申请法兰西学士院院士的职位，但为了谦让雨果，巴尔扎克又收回了申请。1845年，巴尔扎克获得荣誉勋位勋章。一身荣誉的巴尔扎克，身体状况却开始每况愈下，五年后，刚刚抵达巴黎的巴尔扎克健康迅速恶化，已无法写作。1850年8月18日下午，雨果前来看望巴尔扎克，当天晚上，巴尔扎克便与世长辞了。三天后，巴尔扎克的遗体被葬于拉雪兹神甫公墓。

巴尔扎克的作品特点

作品的创作方式随着要表达的主题的需要而多种多样，富于变化。既可以从宏观的角度来进行叙述，又可以在必要时对人物和场景进行细致而生动的描写。同时，采用了以外在反映实质的创作手法。

巴尔扎克善于观察人物，并能通过语言和外貌的描写表现出人物的个性。他一生创作了两千多个形象各异的人物，其中不朽的人物形象就达到数百个。

巴尔扎克的代表作

《人间喜剧》

这是一部由九十多部小说构成的鸿篇巨制。其中的风俗研究，无论是私人生活场景，还是外省生活场景，或者巴黎生活场景，共同构成了一幅从1789年法国大革命到1848年革命之间的法国社会的巨型图画，场面宏大，内容丰富。

巴尔扎克指出，有三种新权力已经统治这个社会：报纸、官僚机构、大金融家集团。而在巴黎这个充满罪恶的城市同时以其无耻的习俗——娱乐、金钱、野心，吸引着人。

《人间喜剧》反映了法国封建贵族的没落衰亡和资产阶级的发迹史。作品对当时的社会进行了洞察入微的描写，真实地再现了典型环境中的典型人物，被誉为“法国社会的一面镜子”。所谓“人间”，即作者所处的19世纪的法国社会，所谓“喜剧”，即这个社会中形形色色的世态人生，含有讽刺批判的意味。

49. 福楼拜 （1821—1880）

1821年12月17日，居斯达夫·福楼拜出生于法国西北部的卢昂城，父亲是市立院长兼外科主任。福楼拜四岁时，朱莉来到福楼拜家当帮佣，直到福楼拜去世，《一颗淳朴的心》中的女佣便是以她为原型创作的。七八岁时，福楼拜就自编喜剧与小伙伴演出。

十五岁时，福楼拜便开始了文学创作，并写了大量的作品。到特鲁维尔度假期间，福楼拜认识了施莱辛格一家，施莱辛格夫人成为他两部书中的女主人公，这两部书分别是《狂人回忆录》和《情感教育》。

福楼拜进入巴黎大学法学院，之后认识了雨果。1843年，福楼拜开始写作《情感教育》，但不幸的是，他的神经官能症第一次发作，使他终止了学业。两年后，福楼拜与父母陪新婚的妹妹和妹夫到欧洲各地旅行，这期间，福楼拜的灵感得到激发，写出了一些作品，参演过戏剧，并完成了《情感教育》的第一稿。不幸的是，仅仅一年之后，父亲和妹妹便先后去世了。福楼拜将妹妹刚出生不久的小女儿接到身边，与母亲住在了一起。

为了治疗神经官能症，福楼拜几乎游遍了东欧的大部分城市，花光了父亲的遗产和自己的积蓄，不过，这段游历也为他今后的创作积累了丰富的素材。

1856年4月，福楼拜完成《包法利夫人》并将其寄给杂志社。因为书中有杂志社认为不适合发表的内容，杂志社删去了一些段落，这让福楼拜十分恼火，双方一度交恶。即便如此，这部刊发的不完整的作品还是让福楼拜吃了官司，因为巴黎检察院认为这部书“有伤风化，亵渎宗教”。福楼拜为此四处奔波，终于赢了官司。而他也因祸得福，因为这场官司闹得沸沸扬扬，《包法利夫人》也成了畅销小说，人们都想一睹为快。

成名后，福楼拜接连出版了几部小说，并进入了上流社会，甚至可以进入公主和拿破仑亲王的府邸，不久他便获得了骑士级荣誉勋章。

1869年，福楼拜的另一部代表作《情感教育》出版。次年，普法战争爆发，福楼拜被任命为国民自卫军中尉。

在屠格涅夫的推荐下，福楼拜的作品《圣安东的诱惑》被《圣彼得堡》杂志译成俄语，但被沙皇政府禁止出版。

1880年5月8日，福楼拜准备起身去巴黎时突然病逝。福楼拜的遗体由他的侄女和孙女们，以及龚古尔、左拉、都德、莫泊桑等人护送至冈特勒教堂附近的一处墓地安葬。

福楼拜的作品特点

作品形式进行过多方面的尝试，既有现实主义，也有自然主义文学的尝试。

作品像科学一样真实而客观地反映现实生活，哪怕是丑恶的方面，也不会忽略。为此，作品只在日常生活中选材，而其中的人物都是极为平凡的人，都有各自的缺点，随着情节的发展，辅以内心独白，一点点展现人物的性格，来表现人物，使人物的思想、感情、性格更加丰富、立体。小说并不以戏剧性和惊险取胜，情节也不复杂，但构思巧妙，以平淡的情节和细节描绘真实的生活，给人以艺术享受。

福楼拜的代表作

《包法利夫人》

小说主人公爱玛出生在一个乡下庄园主的家庭中，受过大家闺秀式的教育。因为读过许多浪漫的文学作品，所以对浪漫的爱情生活和贵族式的生活十分向往，但她对这种生活仅仅是从书本中看到，并不理解这种生活背后隐藏的污秽和阴暗。为了追求浪漫生活，爱玛忽视稳定的婚姻生活，而与人通奸，婚姻走上了失败，又遭遇破产，身败名裂，最终只能选择自杀的不归路。

这部作品清晰地展现了资产阶级的虚伪、贪婪和恶毒，并指出正是由他们主宰的资本主义社会逼死了以包法利夫人为代表的被摧残的妇女。

●后期现实主义文学

背景简介

在19世纪后半叶的法国现实主义文学家，由倡导自然主义的左拉、龚古尔兄弟等作家和以现实主义为主导的一批作家，以及跨世纪的如罗曼·罗兰等作家，组成了后期的法国现实主义文学。

20世纪，法国文坛的众多思潮流派百花齐放的情势更是有增无减。其中，现实主义始终保持了强劲的态势，虽然没有出现能够超越巴尔扎克的大师，但所取得的成就仍然令人瞩目。

20世纪法国的现实主义在继承以往的现实主义的特点外，这个时期的作家对宏观的社会问题失去了兴趣，转而倾向于描写中小资产阶级知识分子的精神生活，在创作人物的同时，不再有绝对的正反面人物，将人物之间的差异表现在命运上，在创作手法方面，也吸取了现代派文学的一些表现手法，特别是意识流、心理分析、象征主义的手法。

主要作家

50. 小仲马（1824—1895）

1824年7月27日，亚历山大·小仲马出生于法国巴黎，母亲拉贝是名裁缝，而他的父亲则是大名鼎鼎的大仲马。不过，小仲马是他们的私生子，父亲对他并不疼爱。在小仲马四岁时，大仲马凭借《亨利第三及其宫廷》而

获得举世的赞誉，并进入了上流社会。此时，大仲马抛弃了小仲马母子俩。在母亲的抚养下，虽然小仲马的日子过得清苦，不过仍受到了良好的教育。

虽然后来大仲马良心发现，在法律上承认了与小仲马的父子关系，在母子生活方面给予了一定的救济，但仍不承认与拉贝的夫妻关系。因此，小仲马对法国社会的道德堕落有了深刻的体验而对此异常厌恶。

在巴黎，小仲马与妓女玛丽相爱，由于玛丽并不想为他辞去工作，小仲马愤而与其分手。但分开后，小仲马仍在打听玛丽的资料和信息。五年后，玛丽不幸病逝，得到消息后，小仲马悲痛万分，并以玛丽为原型，倾注了他所有的心血，创作了他的成名作《茶花女》。

话剧《茶花女》上演后，获得了极大成功。小仲马第一时间便给在布鲁塞尔流亡的大仲马发去了电报："第一天上演时的盛况，足以令人误以为是您的作品。"大仲马回电说："孩子，我最好的作品就是你。"

1875 年 2 月 21 日，小仲马以二十二票获得了当时的最高荣誉——入选法兰西学院。这一成就是巴尔扎克和大仲马都没有获得的。

1895 年 5 月，小仲马与比他小四十岁的亨利埃特·雷尼埃结婚。但仅仅过了半年的婚姻生活，小仲马便于同年 11 月 27 日去世。

小仲马的作品特点

作品因小仲马的自身经历，而大多关注婚姻、家庭、妇女和私生子问题，揭露了在资本主义制度下社会家庭和男女关系上的腐朽和堕落。作品结构严谨，语言自然流畅，感情真挚，但由于过于注重说教，在情节发展上时而显得呆板无味。

小仲马的代表作

《茶花女》

出身贫寒的玛格丽特在巴黎进入了卖笑的行当，因为出众的美貌，而得到贵族公子的追捧，成为有名的交际花，又因为她的装扮中总是有一束茶花，而被称为“茶花女”。

玛格丽特因为治疗肺病而结识了摩里阿龙公爵。因为长得像公爵早逝的女儿，玛格丽特成为公爵的干女儿。公爵希望她断绝过往的一切，但玛格丽特并不能做到，因为她身负上万法郎的债务。

在税务局长儿子阿尔芒疯狂的追求下，玛格丽特与他陷入了爱恋之中。两个人历经波折，过着平淡而幸福的生活。因为离开了青楼，玛格丽特没有了收入来源，为了给玛格丽特还债，阿尔芒重回巴黎，转让母亲给他的一笔遗产。阿尔芒离开后，税务局长找到玛格丽特，劝她离开阿尔芒。为了阿尔芒和他家庭的声誉，玛格丽特忍痛答应了局长的要求，并给阿尔芒写了绝交信。

阿尔芒为了报复玛格丽特的背叛，而处处为难她，辱骂她，同时，仍希望她能回到自己身边。可玛格丽特坚定地拒绝了他。阿尔芒误以为玛格丽特是因为与公爵产生了感情而拒绝他，愤而离去，并写了一封言辞激烈的信给玛格丽特。

看到信后，玛格丽特伤心地病倒了。局长被玛格丽特的人品感动，告诉了阿尔芒事情的真相。在弥留之际，玛格丽特不断地呼喊着阿尔芒的名字，直到咽气。但阿尔芒直到她去世后才赶回了巴黎。

作品对上层人物的虚荣进行了适当的讽刺，但因为剧中人物都是复杂的，没有完全负面的形象，所以抨击的力度稍弱。但凭借着作品中动人的感情和艺术力量，这部作品成为传世经典。

51. 都德 （1840—1897）

1840 年 5 月 13 日，阿尔封斯·都德生于法国南部普罗旺斯地区的尼姆，父亲是一个丝绸制造商，母亲爱好文学，酷爱读书。在母亲的影响下，都德

自幼便练习写诗，注意观察生活。后因父亲生意惨淡，而举家迁居至里昂，希望在那里获得转机。但是天不遂人愿，父亲在里昂拼搏了六年后，还是以破产告终。都德一家因此陷入困难之中，都德没有完成学业，便出来打工了。

都德十五岁时在阿雷小学任自习辅导员，但因为年轻，又没有经验，学生并不听他的管教，更糟的是，都德也得不到校方的支持。因在教学上无法取得进展，都德无奈地选择了辞职，但对这段不成功的经历，在都德心里刻下了阴影。辞职后的都德在哥哥的帮助下，来到了巴黎。在巴黎，都德的生活依然贫困。为了改善生活情况，都德开始了文学创作，先后进行过诗歌和剧本的创作，但都没有取得什么成绩。

后来，都德得到任莫尼公爵秘书的机会。而这段经历，也让他接触到巴黎的各色人物，并可以经常回到家乡普罗旺斯旅行。在普罗旺斯，都德不仅可以欣赏到旖旎的自然风光，还从那里流传的民间故事和传说中得到灵感，创作了散文和故事集《磨坊书简》。接着，他的第一部长篇小说《小东西》出版，为他赢得了广泛声誉。

普法战争爆发后，都德应征入伍。在战争时期，都德的爱国主义情怀高涨，并在吸取了众多战争生活的经验后，都德创作了大量的爱国主义短篇作品。

1873 年，都德创作的以普法战争为背景的短篇小说集《星期一故事集》付梓出版。小说集中的《最后一课》和《柏林之围》更是为都德赢得了世界性的赞誉。

1897 年都德去世，葬入拉雪兹公墓。

都德的作品特点

小说以情感真挚、质朴动人而著称。作品涉及面广，题材新颖而且结构巧妙。长篇小说具有强烈的批判性，而短篇小说则具有强烈的个人风格。

作品善于用简洁的笔触描绘复杂的政治事件，风格幽默柔和，但对社会现状的讽刺仍充满力度。在对现实进行描述的同时，作品中也加入了作者个人的经验和一些寓言性的情节。

都德的代表作

《小东西》

达尼埃尔自幼体弱，个子矮小，被同学们戏称为“小东西”。由于家道中落，他很早就得自谋生路。

在朋友的推荐下，小东西在一所学校找到了一份工作。然而同学们的经常欺负、烦琐校规的压抑、被“忠实”的朋友出卖，使他绝望地离开学校，投奔在巴黎做私人秘书的哥哥雅克。哥哥的鼓励，使小东西走向了文学创作，并得到了皮埃罗特小姐的爱情。然而小东西在一名荡妇的引诱下，误入歧途，哥哥将其从火坑中救出，却因操劳过度，患病身亡。小东西历经生死考验，最终获得了皮埃罗特小姐的原谅，并弃文从商，重建家园。

小说具有半自传体性质，以幽默的笔调描绘资本主义社会人与人之间的冷酷关系，充满了对人的同情与关切。

52. 莫泊桑 （1850—1893）

1850年8月5日，基·德·莫泊桑出生于法国西北部诺曼底省的一个没落的贵族家庭里。莫泊桑出生不久，父母便分居了，莫泊桑与母亲住在一起。他的母亲和舅舅都很有文学修养，因此他从小与文学结下了不解之缘。母亲在莫泊桑童年的时候就培养他写诗，是他文学道路上的第一位老师。

莫泊桑在卢昂中学就读时，他舅舅的好友、

著名的巴那派诗人路易·布耶正好是莫泊桑的文学教师，教授了他多种文学创作的方法。同时，舅舅的同窗福楼拜也成了他的文学导师。福楼拜对莫泊桑的指导十分细致认真，并告诫他要多写作，少发表，不可急于求成。莫泊桑也严格按照福楼拜的指导来做。

普法战争爆发后，在巴黎攻读法学的莫泊桑应征入伍。两年后，莫泊桑退伍，在海军部当了一名小职员。直到进入公共教育部时，莫泊桑才终于有时间再次进行创作。一年夏天，莫泊桑与五个青年在左拉的梅塘别墅聚会时，以普法战争为背景，每个人创作了一篇短篇小说，并结集成《梅塘夜话》出版。其中，莫泊桑厚积薄发的《羊脂球》是六个短篇中最受欢迎的作品，莫泊桑也因此一举成名。1881 年，莫泊桑辞去工作，专心创作。

在此后的十年里，莫泊桑创作了六部长篇小说，三百五十多部中短篇小说。这些作品对当时统治集团进行了无情的抨击，同时，也对小人物给予了深切的同情。在其长篇小说中，1883 年创作的《一生》，1885 年创作的《俊友》最为出色。

莫泊桑患有神经痛，在这十年的超负荷的创作过程中，他都承受着疾病的折磨，同时，他放浪的生活也成了压倒骆驼的最后一根稻草。1891 年，莫泊桑不得不停止了创作。

1893 年 7 月 6 日，莫泊桑病逝。

莫泊桑的作品特点

作品在取材和人物塑造方面很大程度上继承了福楼拜的特点，以日常生活为写作背景，描写日常生活中的人情世故。作品在描写时能抓住精髓，善于挖掘能够反映出生活的真实和社会的本质的细节。作品不靠刺激的情节取胜，而是靠引人入胜的描述技巧和精妙的结构布局博得读者的喜爱。

在塑造人物的时候，作品将英雄平凡化，普通的人物也拥有自己的性格，并且，所有的人物都不是完美的，因此作品中的人物都十分自然可信。作品通过情节的展开来表现人物性格的方方面面。小说语言简洁、流畅、生动，富有生活气息。

莫泊桑的代表作

《羊脂球》

故事发生在普法战争中，一个叫羊脂球的妓女与九个身份各异，但都出身高贵的人同乘一辆马车旅行。当他们路过一个小镇时，被普鲁士的军官拦截，军官表示，如果羊脂球不陪他过夜，那么就不会对他们放行。

开始时，同车的旅客支持羊脂球对军官的抗议，可是随着时间的推移，他们的态度也发生了动摇，直至最后劝说羊脂球同意军官的要求。最终，在羊脂球做出牺牲后，车辆得到了放行，但同乘的旅客不仅不感谢她，反而对她指责起来。

车上的九个人代表了社会的上层阶级，通过他们与羊脂球的对照，小说高度概括和浓缩了法国各阶层人民在对待敌人时的不同态度，进而对上层阶级的虚伪和自私进行了辛辣的抨击。

53. 罗曼·罗兰 （1866—1944）

1866年1月29日，罗曼·罗兰出生于法国中部小镇的一个公证人家庭。他的母亲信奉宗教，热爱音乐，无微不至地照顾年幼多病的罗曼·罗兰，这对罗曼·罗兰的爱好、才能和性格的发展有着深刻的影响。罗曼·罗兰从小博览群书，非常崇拜莎士比亚和托尔斯泰。广泛的阅读为罗曼·罗曼今后的写作生涯打下了坚实的基础。读书之外，罗曼·罗兰也十分爱好音乐，弹得一手非常出色的钢琴，深入研究过贝多芬，写过关于意大利歌剧的博士论文，在大学里主讲过音乐艺术史。这对他的创作也有深刻的影响。

在迁居巴黎五年后的1886年，罗曼·罗兰被法国最负盛名的学府——巴黎高等师范学校史学系录取，但他心中的圣地仍是文学与艺术。上学期间，罗曼·罗兰还向托尔斯泰写信请教，并幸运地收到了托尔斯泰的长达二十八页的悉心指导和鼓励。完成学业后，罗曼·罗兰又出国进修，归国后，在巴黎高等师范学校和巴黎大学讲授艺术史。与此同时，他的写作生涯也开始了。

罗曼·罗兰以“远离颓废的、不现实的娱乐性戏剧，反映人民生活，重塑健康向上的国民精神”为己任，创作了二十多个剧本。但因为文化官员的刁难，上演经费的问题，加上他的戏剧形式虽然新颖，但民众不习惯等问题，这二十多个剧本中，只有六个剧本最终上演，而且都惨遭失败。

20世纪初，罗曼·罗兰放弃了戏剧创作，转向了名人传记。罗曼·罗兰对传记人物的标准是：自己喜欢而又能振奋国民的人物。因此，他称这些传记为“英雄传记”。罗曼·罗兰完成了十多部传记，其中最有名的是“伟人三传”：《贝多芬传》（1903）、《米开朗琪罗传》（1906）和《托尔斯泰传》（1911）。这些“英雄传记”产生了轰动效应，使他获得巨大成功。

1912年，罗曼·罗兰耗费十年心血创作的巨著《约翰·克利斯朵夫》出版面世，获得巨大成功。1915年，罗曼·罗兰获得了诺贝尔文学奖。

俄国十月革命爆发后，罗曼·罗兰与法朗士、巴比塞等著名作家一起反对欧洲帝国主义国家的干涉行动，并写了《向俄国革命致敬》等一系列文章。20世纪20年代末，罗曼·罗兰组织了“国际反法西斯同盟”，并任名誉主席。此后，罗曼·罗兰用了十一年的时间创作完成了四卷本的《欣悦的灵魂》，这是他的第二部多卷本长篇小说。

1940年，德军占领巴黎，罗曼·罗兰被捕。直到1944年8月，纳粹败退，巴黎解放，罗曼·罗兰方才获得了自由。但仅仅过了四个月，在同年的12月30日，罗曼·罗兰便在巴黎走完了他的人生之路。

罗曼·罗兰的作品特点

作品提取了古典主义、浪漫主义和人道主义的精华，并将之融入到当下的题材中，从而具有厚重而新颖的展现。人物传记则用豪迈、质朴的行文表现了这些伟大的艺术家和知识分子，在经历历史和人生的动荡中，所表现出的勇敢、睿智。

罗曼·罗兰的代表作

《约翰·克利斯朵夫》

约翰·克利斯朵夫出生在一个音乐世家，在祖父和父亲的影响下，他沉迷于音乐创作。在他舅舅的影响下，约翰对音乐有了更为平实的理解，不为成名家，不为娱乐，而是要用音乐表达心声。

在他十四岁时，祖父去世，父亲又因为酗酒丢了工作，克利斯朵夫凭借其在音乐上的天赋，承担起家中的重担。克利斯朵夫在担任家庭教师时，与富家女相恋，但因为门第而被羞辱。父亲死后，克利斯朵夫和母亲来到祖父的朋友于莱家居住。在那里，于莱本想将他的外孙女洛莎嫁给他，但他却与寡妇相爱，因此，大家认为他的道德败坏。尽管如此，他依然没有改变，没多久，寡妇便死了。受到打击的克利斯朵夫开始过起了放纵的生活，以至于莱和洛莎都对他失望了。

在经历了又一次感情失败后，克利斯朵夫终于回归到音乐创作中。但因为他性格倔强，不仅失去了工作，而且还在一次斗殴中杀了人。他不得不逃亡去了法国。

在法国，他尝试过作曲，尝试过写剧本，虽然他的才华得到展现，但因为法国的音乐界不想让他出名，而他又与议员闹翻，他的作品迟迟得不到发表和演出的机会。当终于有出版商愿意出版他的作品时，克利斯朵夫却因为不满出版商修改他的作品，而又把作品买了回去。

此后，在学生的帮助下，他的文章才得以发表，并让德皇赦免了他的杀人过失。此后，因为一场政治游行，克利斯朵夫唯一的朋友奥里维惨死。他出于自卫与警察搏斗，打死警察，不得不逃亡瑞士。深受打击的他，开始向现实妥协。从瑞士回到法国后，他的反抗精神已经完全消失。晚年，他避居意大利，不问世事，潜心于宗教音乐的创作。

这部传记描写了天才音乐家约翰·克利斯朵夫在经历了艺术、政治和人生的困难后，仍坚持奋斗的一生。通过一个在充斥着颓废而庸俗的社会中具有叛逆和自强不息精神的英雄，赞扬了不畏艰难，勇于追求真善美的人类精神，并揭示出了克利斯朵夫个人反抗悲剧的历史必然性，加强了作品的揭露和批判力量。

54. 莫里亚克 （1885—1970）

1885 年 10 月 11 日，弗朗索瓦·莫里亚克出生于法国波尔多的一个信奉天主教的守旧资产阶级家庭里，家境富裕，有一个庄园。父亲在他出生后不久便去世了。在莫里亚克七岁的时候，母亲将他送入一所管理严格的教会学校，在那里读了六年书。莫里亚克也因此养成了孤僻深沉的性格，只有在大自然中，他才会感到愉快。

从波尔多大学文学系毕业后，莫里亚克开始从事文学创作。随后，第一次世界大战爆发，莫里亚克应征入伍，当了一名医护助理。不久，莫里亚克因病退伍，继续他的文学创作。

莫里亚克在现代派文学盛行的情况下，仍坚持创作现实主义的作品，因此被称为“最后一朵传统之花”。

1922 年，莫里亚克出版了他的成名作《和麻风病患者亲吻》。在之后的十年里，莫里亚克相继出版了《黛丽丝·戴斯基鲁》和《蝮蛇结》，这两部入选了“法国现当代十大最受欢迎的袖珍本小说”的作品，是他的另外两部代表作。1952 年，因为在小说中，“深入刻画人类生活的戏剧时所展示的精神洞察力和艺术激情”，莫里亚克被授予诺贝尔文学奖。

1970 年 9 月 1 日，莫里亚克在巴黎去世。戴高乐总统为其发出唁电，并在文中将他称为“嵌在法国王冠上最美的明珠”。

莫里亚克的作品特点

作品以莫里亚克的家乡为写作的生活背景，善于描写外省资产者的家庭悲剧，并揭示或暗示其悲剧的根源，因此，莫里亚克被誉为“描写痛苦的大师”。作品将古典主义和现代主义两种对立的文学形式完美地结合在了一起，并擅长心理描写，对内心分析的同时，细腻地描绘出人物内心最深处的角落。

莫里亚克的代表作

《蝮蛇结》

这部小说以第一人称为视点，分为书信和日记两个部分。小说描写了一个暴发户为了满足其虚荣心而娶了出身高贵的妻子。但在婚后，由于他的出身卑微，他一直怀疑妻子并不爱他，不过是贪图他的钱财。为此，他对妻子和女儿很是冷漠，甚至怕她们谋其钱财而防备她们。

随着事业的发展，他开始在外面尽情纵欲，并将自己的财产给了他的私生子。妻子得知这件事后，留下一封遗书后，便气绝身亡。通过遗书，他知道了妻子是多么的爱他，也看清了自己阴暗的一面。

妻子死后，他的生命也走向终结，但在临终时，他终于明白了爱，找到了信仰。

小说通过这出令人扼腕的家庭悲剧，揭示了中产阶级在追求金钱的过程中遭遇的精神危机，也批判了传统的门第观念对婚姻幸福的阻碍。

●自然主义时期文学

背景简介

19世纪，自然科学得到了巨大的发展，以司汤达和巴尔扎克为代表的作家从“科学”的角度，开始关注人与自然的关系。19世纪中叶，实证主义哲学在法国盛行起来。至此，自然主义已具备了成熟和系统化的哲学基础。

19世纪中叶以后，法国资本主义进入垄断阶段，社会各方面的弊端日益严重，悲观的情绪在人们心中蔓延。人们都想知道这一切恶果的根源，达尔文主义应运而生，它认为人不过是一种高等动物，与其他生物一样属于自然界，由“遗传”和“环境”决定一个人的品行，而这两个因素，也是改变人的状况的关键。龚古尔兄弟和左拉等作家接受这种观点，并以此提出了自然主义文学。

19世纪60年代，强调自然性而淡化社会性的自然主义文学成为法国文坛的主流文学。

相比较而言，自然主义文学因为强调科学性，而排斥浪漫主义时期的浪漫元素；自然主义文学比现实主义文学更强调客观、真实性，反对倾向性和典型性。

主要作家

55. 左拉 （1840—1902）

1840年4月2日，埃米尔·左拉出生于法国巴黎。父亲是一名意大利工程师，在左拉七岁的时候不幸病逝。左拉先后就读于波旁学院和巴黎的圣路

易学校。毕业后，左拉当过几年低级牧师，也为报纸撰写过文学评论，最终于1862年进入阿歇特出版社。在工作期间，左拉出版了他的第一部短篇小说集《给妮侬的故事》和他的自传体小说《克洛德的忏悔》，但因为出版方认为这部作品内容污秽，左拉不得不为此被迫辞职。

左拉1871年出版了鸿篇巨制《卢贡-马卡尔家族》的第一部《卢贡家族的命运》之后，左拉以每年出版一部作品的速度进行着创作。直到1877年，左拉才凭借着小说《小酒店》的成功，而踏上了成功之路。三年后出版的《娜娜》，再次为左拉赢得了荣誉。

左拉成名后，许多人慕名前来，其中就有一位女性求助者。原来，犹太裔炮兵大尉德雷福斯，因涉嫌间谍罪被判终身流放，而德雷福斯坚称自己是无辜的。来向左拉求助的便是德雷福斯的妻子。左拉了解案情后，为德雷福斯发起了广泛的声援行动。为此，左拉遭到军方右翼势力的非难。

在左拉发起的声援活动下，有关情报机关介入调查，终于查明案件真相，并得出德雷福斯无罪的结论。但是战争部及军事法庭不但无意纠错，反而极力掩盖事实真相，甚至将真正的有罪之人释放。为此，左拉接连发表《告青年书》《告法国书》。

1898年1月13日，左拉在巴黎的日报《曙光》上发表致总统的公开信：《我控诉》。在这篇文章中，左拉以著名的德雷福斯案为例，抨击了法国政府的反犹太政策。《我控诉》在社会上引起了共鸣，以致引发了整个法国争取社会公正的运动。2月7日，针对《我控诉》所提出的问题，政府以诽谤罪控诉了左拉。2月23日，左拉被判一年徒刑，并罚款3000法郎。左拉被迫流亡英国，但左拉并没有因此而畏缩。1899年，左拉返回法国，继续与军方和政府斗争。

1902年9月28日，左拉在巴黎的寓所里因煤气中毒去世。10月5日，左拉的丧礼在蒙马特公墓举行，前来参加丧礼的人数多达数千人。

1906年，蒙冤长达十二年的德雷福斯的冤情终正式昭雪。1908年6月6

日，左拉的骨灰移至先贤祠。

左拉的作品特点

作品在自然主义的基础上兼有现实主义以及早期的浪漫主义成分。善于写人数众多的大场面，风格大气、粗犷，同时也不缺乏精致的细节描写。

左拉的代表作

《萌芽》

《萌芽》是《卢贡-马卡尔家族》的第十三部小说。被开除了的艾蒂安在朋友的介绍下，在煤矿公司找到了一份工作。在那里，不仅工作艰苦，而且生活条件也极差，而煤矿的老板却过着奢侈的生活。不仅如此，在一段时间后，老板甚至要降低工人的工资标准。这让艾蒂安十分恼怒，进而联合工友发起了罢工活动。阶级矛盾也因此而日益严重，直到煤矿公司动用了宪兵镇压，工人阶级付出了惨重的代价。受了重伤的艾蒂安出院后，再也没有回去。

小说通过描写矿工艰苦的井下劳动、恶劣的生活环境及大规模的罢工斗争，客观而深刻地揭露了社会阶级矛盾，具有震撼心灵的艺术力量。

●现代主义时期文学

背景简介

19世纪末，法国和欧美主要国家进入了垄断资本主义阶段，物质文明得到了前所未有的发展，同时，也产生了经济危机，引起了两次世界大战。在这个混乱的时代里，人们普遍失去了信仰和理想，无论是对世界还是人生，甚至是对自身都产生了迷茫感。此时，叔本华、尼采、弗洛伊德、柏格森和萨特等非理性主义的哲学及心理学学者应运而生，纷纷提出了自己的主张。

在这种社会和思想的基础上，随着“世纪末”思潮的出现，现代主义文学最终成型。现代主义文学又称先锋派或现代派，它无论在思想内容还是在艺术表现上，都有着反传统、非理性的倾向，表现出了对社会和人类的全面否定。现代主义文学排斥娱乐性，保持着十分严肃的态度。

现代主义在法国主要包括：象征主义、达达主义、超现实主义、意识流小说、存在主义文学、荒诞派戏剧、新小说这七个文学流派。它们以法国为中心，向欧美文坛扩展，并在20世纪二三十年代和五六十年代出现过两个高潮。

主要作家

56. 波德莱尔 （1821—1867）

1821 年 4 月 9 日，沙尔·波德莱尔出生于巴黎，他的父亲在诗歌和绘画方面颇具才华。虽然父亲在波德莱尔六岁的时候便去世了，但父亲仍使幼年的波德莱尔得到了艺术的熏陶。

在中学时期，波德莱尔开始阅读夏多勃里昂和圣伯夫的作品，并开始展现他在诗歌方面的才华。因为他的诗歌显示出不属于他所处年龄段的堕落，所以并不被他的导师看好。在中学优等生会考中波德莱尔获拉丁诗二等奖。次年，波德莱尔前往比利牛斯山旅行，开始尝试创作田园诗。

波德莱尔在拉丁区结识了很多文学界的朋友，并开始为一家报纸供稿。继父不满他放荡不羁的生活方式，为了改造他的生活方式，而将他送到了一艘前往印度的船上。但这段通往东方的旅程反而激发了波德莱尔的幻想，成为了他此后创作的源泉。归国后的波德莱尔继承了先父的遗产，重新过上了为所欲为的生活。

1843 年，波德莱尔开始创作诗歌，其中部分诗歌被收录到诗集《恶之花》之中。因为他的挥霍无度，他的家人安排了一名监护人管理他的财产，波德莱尔的财政受到了控制，这让波德莱尔十分沮丧，甚至一度想要自杀。最终，他将精力放在了文学创作上，写了各类型的大量作品，并于 1846 年出版了诗集《恶之花》。但这部作品并没有让波德莱尔取得声名，反而是他的文学评论令他在文坛小有名气。诗集出版后，波德莱尔不仅没有成名，反而被法院认定为有伤风化，被勒令罚款，还删除了诗集中的六首诗。而在文坛中，波德莱尔也只得到了少部分人的支持，其中就有雨果。

当巴黎工人、学生及市民推翻了七月王朝时，波德莱尔与朋友一起创办了革命刊物，但两天后便宣告夭折。此后的三年间，他一直坚持参与革命和起义活动，但虽有热情，却无成功事例。

深受爱伦·坡影响的波德莱尔自1848年起，一直到他去世的这段时间里，一直都在翻译爱伦·坡的作品。

1861年，《恶之花》再版，波德莱尔在其中加入了三十五首新诗。同年，他被提名为法兰西院士候选人，但他对此予以了拒绝。此后，波德莱尔深受疾病的折磨，1866年甚至出现失语和半身不遂的病症。

1867年8月31日，波德莱尔病逝。

波德莱尔的作品特点

作品认为美同样存在于恶和丑之中，对“美”进行了重新的定义，被认为是病态的艺术，对现实世界有着深刻的仇恨。诗歌充满象征和通感，因此深邃、复杂而具有哲理性。诗歌在押韵和音节的处理上十分精湛，极具音乐性。

波德莱尔的代表作

《恶之花》

这部诗集以颓废和性为基调，取材于爱情、肉欲、毒品、酒、犯罪、死亡。诗集中的作品一反往常诗歌的审美取向，而是以丑为美，对城市中阴暗而神秘的丑恶现象进行了大胆的描述，对小资产阶级青年的悲惨命运、深深的失落感，进行了深入的剖析。同时，也使这些阴暗面散发出一种特殊的美。

诗集对城市的丑恶进行了揭发，并将这些丑恶转化为美，从另一角度对恶进行思考和反省。

57. 普鲁斯特 （1871—1922）

1871年7月10日，马塞尔·普鲁斯特出生于法国一个上层资产阶级家庭，是家中的长子。九岁时，普鲁斯特第一次哮喘病发，因此，他不得不时常缺课，并在他此后的人生中一直忍受着该病的折磨。

普鲁斯特在巴黎的贵族学校上学期间，开始了他的社交生活，结识了法朗士等文学界名流。法朗士不仅帮助普鲁斯特进入了圣日耳曼区古老贵族世家的沙龙，而且还影响他走上了文学创作之路。

中学毕业后，普鲁斯特参军一年，退伍后进入巴黎大学法学院和政治科学自由学院钻研修辞和哲学。其中，柏格森和弗洛伊德的哲学思想成为他的文学创作的指导思想。1892年，普鲁斯特和同窗好友创办杂志《宴会》，并在该杂志发表短篇小说和随笔。

大学毕业后，通过考试，普鲁斯特进入了马扎然图书馆，不久便被调到国民教育部。但哮喘病成为了他仕途的阻碍，仅工作了几个月，他的哮喘病便恶化起来，致使他不能出门。为此，普鲁斯特没有坚持多久，便离开了工作岗位，全心投入到小说创作中。

1896年，普鲁斯特将他一年来发表过的作品汇编成集，由法朗士为这部作品集写了序言，最终该作品集以《欢乐与时日》为名出版。两年后，普鲁斯特应左拉的呼吁，参与了争取社会公正的运动，抗议政府，要求重审德雷福斯案件。

普鲁斯特的父母先后去世，使普鲁斯特大受刺激，以致住院六周。在此期间，普鲁斯特根据对父母和过往的回忆，用了八年的时间创作了《追忆逝水年华》的前三部，因不被看好，普鲁斯特只好自费出版了第一部《在斯万家那边》。

在1919年的垄古尔文学奖的评奖中，普鲁斯特的好友都德父子力挺

《在少女们身旁》，最终使普鲁斯特以6比4的票数得到该奖。这也使得《追忆似水年华》的第二部终于在次年得以出版。

1920至1922年，普鲁斯特又先后出版了《盖尔芒特家那边》和《索多姆和戈摩尔》。

1922年秋天，普鲁斯特的哮喘病复发，被告知病危。普鲁斯特放弃了去医院治疗，而是将精力专注于对《女囚》的校改。11月18日，普鲁斯特告别了人世。

在普鲁斯特去世一年后，《女囚》才出版面世，此后其他几部陆续出版，直到1927年才完整地出齐，共七部十五卷。这本书被誉为法国文学的代表作。

普鲁斯特的作品特点

作品对时代和人物的变化过程非常敏感。小说注重主观的意念，在讲述故事的过程中掺杂了大量的评述、心理分析和联想，叙述的顺序也不按时间的前后来描写，而是将过去、现在和未来不时地穿插、交叠，同时对人物和故事的细节进行了非常精致的处理，使作品有一种流动的真实感。

普鲁斯特的代表作

《追忆似水年华》

小说的标题直译为“寻找失去的时间”，小说用前六部讲述了自己日常生活中发生的种种小事，同时将这些事转化为内心的活动，是人物心理活动的外化。小说的最后一部中，把这一切压缩到了一天之内，在这一天里“我”的自我意识最终形成并清晰。

这部巨作通过柏格森的“心理时间”，将过去、现在和未来相互穿插、交叠，赋予了对时间的具体感觉。通过这种结构，表现了过去的时间仍是人存在的一部分，通过回忆，它成为了现在和未来的一部分。

作品展示了19世纪末至20世纪初法国上流社会的生活图景与历史变

迁，对黄金时代的法国贵族、资产阶级进行了温和的讽刺。这不仅是一部探索人心奥秘、展示复杂多变的精神世界的小说，也是一部蕴含深厚思想内涵，有着多重交叉主题的艺术作品。

58. 萨特 （1905—1980）

让-保尔·萨特于1905年6月21日生于法国巴黎的富裕阶层家庭，父亲是海军军官，在萨特出生一年后去世。母亲带着萨特来到外祖父家里生活。身为法文教师的外祖父家里的知识氛围让萨特在写作和文学上受益很多。四岁时，萨特由于角膜翳导致右眼斜视。

外祖父对萨特的要求非常严格，并认为他在家庭的熏陶下可以轻松应对学业，因此，在祖父的坚持下，萨特直接从八年级开始上学。但由于没有接受过基础教育，萨特根本跟不上课程，学校要求他从一年级开始读。祖父感觉颇为没有面子，一气之下让萨特休了学，请了家庭教师在家中给他上课。

萨特先后进入巴黎亨利四世公立学校、拉罗舍尔公立学校上学。因为母亲改嫁，继父是一名海军工程师，所以坚持让萨特也学习工程学。萨特对此十分反感，并立志成为与斯宾诺莎一样一流的哲学家，和司汤达一样一流的文学家。于是，萨特重新回到亨利四世公立学校，并考入巴黎高等师范学校，攻读哲学。其中，笛卡儿、康德、柏拉图等人的主要著作，对他后来的发展有了深远的影响。

巴黎高等师范学校每年都会组织戏剧演出，这培养了萨特对戏剧的兴趣，并创作了他的戏剧处女作独幕剧《我将有一个好的葬礼》。萨特在准备考中学教师资格时，结识了他的终身伴侣西蒙娜·德·波伏娃。

大学毕业后，萨特先后在气象台里服兵役，在高中教过哲学。但他仍未忘记年少时立下的志愿，在工作的同时，他继续进行小说和哲学论文的创作，并特意前往柏林，进修胡塞尔的现象学。在经过深入的钻研后，萨特三易其稿，完成了《忧郁》，但并没有出版社愿意为他出版。

1937年，萨特将已经发表的小说合在一起，作为小说集《墙》出版，这部作品受到广泛的好评，萨特也因此成名。借助已获得的名气和朋友的帮助，1938年4月，出版社终于接受了《忧郁》，但改名为《恶心》。《恶心》出版后，销售平平，但在评论界取得了不错的反应。

两年后，德国入侵波兰。法国和英国发起保卫战动员，萨特应征并再次成为了一名将观测到的风向通知炮兵连的气象兵。工作之外的时间，萨特则用来阅读和写作。在萨特三十五岁生日时，不幸被德军俘虏，被运到德国特里尔的一个战俘营。在那里，萨特仍没有放弃文学，积极创作并组织了话剧《巴理奥纳》。在战俘营里，萨特的眼疾第一次拯救了他，在使德军军官相信萨特因眼疾无法战斗，不是一名士兵后，他寻找时机逃了出去。

逃回巴黎后，萨特创办了名为“社会主义与自由”的抵抗组织。但因其从德军的战俘营逃出的经历，法国政府认为他是德国的奸细，而拒绝了他的组织的合法性。萨特经过种种努力，终于证明了自己的清白，重新组织起“社会主义与自由”，并开始为《法国信使报》和《法兰西文学》工作。

1943年，萨特在艰苦的环境下完成并出版了他的哲学专著《存在与虚无》。该书是法国存在主义的奠基之作，它所传达的存在主义，也随之成为当时最具影响力的思潮，一经出版便在文化和哲学领域取得了巨大的反响。在战后时期，更是得到了大量普通读者的欢迎。

成名后，萨特转向戏剧创作，而为当时正在学习表演的情人奥尔加创作的剧本《苍蝇》也得到了出版。《苍蝇》首演后，获得了如潮的好评，也使奥尔加一夜成名。但纳粹德国很快发觉了这部戏隐含的对其的讽刺和攻击，立刻封杀了这部戏。尽管如此，这部戏的成功还是让萨特对戏剧创作充满了信心。他的新戏《隔离》公演时，再次大获成功。此后，萨特接连创造了一些戏剧，都获得了不错的反响。

1945年9月，萨特出版了他在战争期间写就的长篇小说《自由之路》第一卷《理性的时代》、第二卷《缓期执行》。

第二次世界大战结束后，萨特主编了评论杂志《现代》，并撰文《什么是文学》。这篇文章在1947年的《现代》上连载了六期，以阐述萨特的存在主义的观点，并宣称作家的责任是塑造世界。这使他被称为存在主义者，而他的名气也越来越大。

在此之后，萨特积极参与政治活动，并应邀担任革命民主同盟执行委员，但不久就和领导人胡赛之间产生分歧。萨特公开宣布他不同意胡赛的政治意见，两人关系彻底恶化。萨特的政治观点开始倾向于共产党，这使他备受左翼和右翼政治势力的攻击。同年，萨特出版了《自由之路》的第三卷《心灵之死》，但里面掺杂了过多的政治和哲学内容，使得这部作品并没有取得成功。

1952年，萨特发表了《共产党人与和平》，阐述了当时罢工失败的根源，歌颂了共产党的观点。同年，杂志社发表了一篇抨击加缪的评论文章《反叛者》。加缪怀疑这篇文章是在萨特的授意下所写，一怒之下写了一篇针对萨特的信，两人的关系至此破裂。

萨特在《关于在阿尔及利亚战争中有权不服从命令的宣言》（该宣言支持法国士兵拒绝参加阿尔及利亚战争。因为共有121人在宣言上签名，所以该宣言又被称为“121人宣言”）上签名，并发表了“左派应该与阿尔及利亚民族解放阵线联合起来”的讲话。他的这一系列行为惹恼了当局，被当局列入“对国家安全有害”的名单中。

在古巴最大的报纸《革命报》主编的邀请下，萨特和波伏娃访问了古巴。接着他们又应邀访问巴西，在里约热内卢大学的演讲上，萨特因为对戴高乐和作家马尔罗进行了抨击，受到了巨大的欢迎。消息传到国内后，在国内引起了愤怒的情绪，以致他刚回法国，便受到了起诉和众多的暗杀威胁。但萨特并没有退缩，甚至亲自上街游行，参与静坐示威。这一系列不畏强权，冒着生命威胁对祖国的阴暗面进行抨击的行为，使得萨特赢得了“世界良心”的声誉。

因为萨特欠出版社一笔费用，这使他重新开始创作，于是有了自传性小说《文字生涯》。这部作品记录了母亲再婚前萨特的童年生活，并在《现代》杂志上进行了连载。

1964年，萨特凭借《文字生涯》获得了诺贝尔文学奖，但萨特以放弃官方荣誉为由，拒绝领奖。晚年时，萨特则表示，之所以拒绝领奖，是因为诺贝尔奖把作家和文学分为等级。

当苏联入侵捷克斯洛伐克时，萨特因苏联再三地发起战争而愤怒，彻底与苏联断绝关系。萨特的戏剧《苍蝇》和《肮脏的手》在捷克进行了公演。这两出原本反对德国法西斯的戏剧，成为了当时反对苏联的代表，在捷克国内受到了热烈的欢迎。此后，萨特与波伏娃在大学发表演讲，支持学生反对越南战争和学校规则的行为，并与左派共同办报，上街散发。

1973年，萨特担任左翼最大报纸、法国第三大的全国性日报《解放报》的主编。同年，萨特的身体出现了病状，双眼几乎失明。波伏瓦和他的养女照顾他的日常生活，并帮助其继续工作。

1980年4月15日，萨特去世。萨特的一生虽然在学术方面取得了巨大的成就，但他却并没有得到学院派的承认，始终未在高等学府任教。

萨特的作品特点

其戏剧被称为"境遇剧"，即总是让人物在特定的十分残酷的境遇中作出选择，以表现人物的本质和性格。为此，作品中的背景和环境是为人物提供表现其本质和性格而存在的，而不是为了反映其时代特征而设置的。作品中的人物处在这种背景下，也就不具备其社会性了。

哲学作品则是既宣扬个人的绝对自由，同时也强调人应该积极承担责任，不应该消极地对待人生。

萨特的代表作

《恶心》

过着平淡生活的史学家罗康丹，有一次在海边丢石子的时候，突然感到恶心，但他分不清是因为对大海还是对石子感到恶心。当他批判美术馆里画像中声名显赫、自负的"畜生们"时，他意识到自己跟他们是一样的，这也让他感到了恶心。直到当他听到一个黑人女歌手的歌声时，他才恢复到平静中，重新过回了原来的生活。

作品揭示了人们的清醒不过只是片刻的灵魂的冲动，当自我满足后，我们又将重新回归到麻木的生活当中。

59. 贝克特 （1906—1989）

1906年4月13日，塞缪尔·贝克特出生于爱尔兰的首都都柏林郊区。贝克特曾上过德国人开设的幼儿园，中学是在法国人开设的学校上的，因此，贝克特掌握了多种语言，这为日后他以英法双语创作打下了基础。

贝克特在都柏林三一学院，获法文和意大利文学学士学位，毕业后，来到巴黎高等师范学校担任英文教师。任教期间，贝克特结识了乔伊斯，两个人一同翻译了很多爱尔兰作品。在乔伊斯的影响下，贝克特对意识流文学颇为着迷，并做了深入的研究工作。

1930年，贝克特回到都柏林三一学院担任法语教师，并开始研究笛卡儿的哲学。在担任教师的同时，贝克特边照顾父亲，边创作了他的第一部小说《莫尔菲》。这部作品在经过了四十二次退稿后，才得以出版。两年后，贝克特获得了哲学硕士学位，并辞去了教书工作，开始漫游欧洲。由于厌恶爱尔兰政府推行的“神权政治”和严格的书籍检查法令，贝克特正式定居巴黎。

二战期间，由于参加地下的反纳粹组织，而被盖世太保追捕的贝克特逃离了巴黎，并在战争结束后，为爱尔兰红十字会工作了一段时间。直到二战结束后，贝克特才回到巴黎，重拾起他间断多年的文学创作。经历的这一切让贝克特对人类的命运和存在状态有了更深的思考，并以此为题材进行创作。随着贝克特的双语天分被编辑和剧院老板发觉，他的人生也因此发生了转变。

荒诞戏剧《等待戈多》在法国上演时取得了巨大成功，该剧使贝克特成为荒诞派戏剧的代表作家，也是他获得诺贝尔奖的重要作品。此后，贝克特进入了创作的高峰期，接连创作了十余部剧本。

贝克特在创作的高峰期，名声却一再跌落，失望的贝克特不再对外发表言论。除1956年和1975年因为《等待戈多》分别在美国迈阿密和德国上演，贝克特出现在大家的视野外，他一直都隐居在巴黎，通过出版商和外界联系。

1969年，贝克特因为“他那具有新奇形式的小说和戏剧使现代人从精神贫困中得到振奋”，荣获诺贝尔文学奖。

贝克特的作品特点

早期作品注重揭示人类在生存困境下的情绪问题，通过生活和思绪的片段来表现人物。因此，作品并不流畅甚至艰涩，属于意识流小说。在创作手法上，作品吸取并综合了众多文学流派的元素，采用一种环形封闭的结构，在这个结构里，所记叙的事情经过一再的拆开、连接，直至被彻底解构。而作品中无论是主人公还是场景，都具有象征意义。

贝克特的代表作

《等待戈多》

在这个两幕剧中，“戈戈”和“狄狄”两个老流浪汉一直在等待没有出现的戈多。戈多虽然没有出现，却是他们两个人的精神支柱，为此，他们不得不在痛苦的煎熬中等待。

此剧没有传统的戏剧冲突，人物个性模糊、性格破碎，语言荒诞无逻辑。通过这出戏，贝克特从不同角度突出现代人的焦虑、无奈和绝望，表达了人生痛苦、毫无意义的主题。

60. 加缪（1913—1960）

1913年11月7日，阿尔贝·加缪出生于阿尔及利亚的蒙多维。加缪童年的时候他的父亲战死沙场，加缪在北非的贫民窟中度过了童年时光。加缪并没有因为家庭的贫困而放弃学业，他靠奖学金、亲友的资助和勤工俭学完成了学业，于阿尔及利亚大学的哲学系毕业。在大学期间，加缪积极参与戏剧活动，办过剧团，写过剧本，也当过演员。

第二次世界大战期爆发时，加缪担任《共和晚报》主编，并加入了地下反法西斯抵抗运动。

1942年，加缪离开阿尔及利亚前往巴黎，任《巴黎晚报》编辑部秘书，并加入法国共产党，秘密地活跃于抵抗运动中。同年，加缪因发表《局外人》而一举成名，该书亦成为荒诞小说的代表作。同年，加缪出版了哲学论文集《西西弗斯的神话》。这部论文集的出版，确立了加缪在欧美哲学领域的地位。此后，加缪佳作不断，并在法国解放后，主编了地下刊物《战斗报》。

经过五年的酝酿，加缪出版了《鼠疫》，并获得法国批判奖，一举确立了他在文坛的地位。此后，加缪对当时世界各地的战争和政治都予以关注，并出版了《反抗者》。因《反抗者》的内容反对暴力革命，遭到了《现代》杂志的抨击。加缪认为《现代》杂志代表了萨特的意见，于是，两个人进行了长达一年的论战，导致两个人的关系彻底破裂。

1957年，加缪因为“作为一个艺术家和道德家，通过一个存在主义者对世界荒诞性的透视，形象地体现了现代人的道德良知，戏剧性地表现了自由、正义和死亡等有关人类存在的最基本的问题”，被授予诺贝尔文学奖。

1960年，加缪在一场车祸中不幸身亡。

加缪的作品特点

作品行文流畅，文笔简洁、朴实，对人物言行的描写客观而精确，蕴含着对人生和社会的哲思。作品虚构性强，表现荒谬和反抗的主题。

加缪的代表作

《局外人》

生性冷漠的莫尔索在母亲病故后，一点都不悲伤，反而与女友幽会。在公司内，他得到了一个不错的职位却毫无感觉。邻居让他写信骂人，他也照办，被骂者的弟弟前来声讨，争执中，他将对方打死。在法庭上，他也不为自己辩护，最终被判死刑。

小说通过这一系列荒诞情节，表现了莫尔索的观念与当时社会观念的格格不入，所以他被认为是“局外人”。小说表现了世界的荒谬和痛苦，而在这样的世界里，人孤立无援，除了消极对待，毫无解脱的办法。

《鼠疫》

小说描写了奥兰市内因为鼠疫而造成的种种灾难，以及人们在这种情况下的各种表现，或推诿责任，或利用灾难大发其财，或恐慌无助，或消极等死，人的善与恶在这种情况下得到了淋漓尽致的展现。最终，在里厄医生的带领下，全城人团结一致，保住了奥兰市。

这是一场悲壮的胜利，并预言这样的灾难还会降临。同时作品也表现了在荒诞而痛苦的环境下，以里厄为代表的人类所具有的人道精神。

美国文学代表作家

●浪漫主义时期文学

背景简介

1820年，华盛顿·欧文出版的《见闻札记》为美国浪漫主义时期拉开了序幕。这一时期的美国正经历着西部拓荒、工业转型、早期清教徒的殖民和与印第安人的冲突，美国人民需要文学作品来表达他们所经历的这一切，而这个时期的作品也正是以这些为背景进行创作的。同时，英国的文学传统对美国的作家产生了重大的影响。

美国文学因为年轻，没有历史重担，所以想象丰富，而且美国作家注重情感的自由表达，这便形成了19世纪上半叶蓬勃的浪漫主义的文学思潮。这个时期的美国文学倾向于表达个人心理，这一倾向在当时机会成为了美国的信仰。这一时期涌现出了很多伟大的作家，他们的作品有各自的独创性，这也保证了这个时期小说的多样性。

惠特曼以一部《草叶集》，成为了浪漫主义的压轴之作。浪漫主义时期的文学是美国文学的繁荣时期，所以也被称为“美国的文艺复兴”，它继承了英国文学的传统，也在探索中形成美国文学的特点，开创了美国文学之风。

主要作家

61. 欧文（1783—1859）

1783年，华盛顿·欧文出生于纽约市，父亲是个富裕的商人，他是十一个孩子中最小的。欧文从小博览群书，常常写诗、写剧本。欧文毕业后，开始在法律部门工作，但他仍热爱写作，并以笔名向他哥哥担任编辑的杂志投稿。此后，欧文将这些短篇结集出版。

在欧文因病赴欧洲休养期间，与玛蒂尔达·霍夫曼成婚。但这段美满的婚姻只维持了五年便随着玛蒂尔达的早逝而结束。这给欧文很大的打击，使他的希望和理想轰然倒塌。这段时间，欧文专心进行《纽约外史》一书的写作。此书的出版，为欧文获得了极大的荣誉。1819年到1820年，欧文创作并出版了《见闻札记》，并凭该书一举获得了欧美两大洲的文学荣誉。

欧文作为美国专员被派往西班牙，此后又在美国驻伦敦公使馆做过四年的秘书。其间他骑马去过西部边疆历险，并以此为题材，著有三本著作。

欧文晚年曾在西班牙度过了四年悠闲的时光，其余的时间都在哈得孙河边的家中度过。虽然他坚持写文，但成就一直没有超过《见闻札记》。1859年11月28日，欧文溘然去世。

欧文是美国最早有国际声誉的作家之一，在创作艺术方面他堪称是“美国的金匠”。他被认为是美国文学之父。

欧文的作品特点

作品大多数构筑于旧大陆的历史和传统之上，因此故事和人物在时间和空间上显得奇异而遥远。作品将故事的场景与人物的活动联系起来，以丰富人物形象。作品行文优美流畅，寓教于乐，给人以轻松安逸之感。

作品创造的人物都停留在对过去的事情的津津乐道上。在文中运用“代言人”这一手法取得反讽或讽刺的效果。通常情况下，这个“代言人”是欧文尖刻讽刺的对象。美国政治则是作品中讽刺最多的对象。

欧文的代表作

《见闻札记》

这是一部随笔和故事集。欧文将他驻留英国时，作为一个美国观光客的所见所闻在这部集子中展现出来。其中《隔普·凡·温克尔》与《睡谷的传说》等短篇小说最为著名。通过幽默的笔法，将浪漫主义的奇思异想和日常生活描绘予以融合，创造了一睡二十年的隔普·凡·温克尔、乡村教师克伦等经典形象。该作品被誉为美国富有想象力的第一部真正杰作。

62. 霍桑 （1804—1864）

1804 年 7 月 4 日，纳撒尼尔·霍桑出生于美国马萨诸塞州塞勒姆镇的一个清教徒家庭。霍桑的家族曾是名门望族，但却没有什么好名声，因为霍桑的几代祖先都是狂热的清教徒。霍桑的祖先威廉·霍桑是殖民地的地方长官，在 17 世纪 50 年代迫害贵格会教徒中颇为活跃。威廉的儿子约翰是审判 1692 年塞勒姆驱巫案的声名狼藉的三大法官之一，这些事在霍桑的心灵上留下了很深的伤痕。

四岁时，霍桑的父亲死于黄热病，由于母亲的亲戚的资助，霍桑的童年并没有吃太多的苦。成年后的霍桑博览群书，读过大量的文学名著，为他成为作家奠定了基础。上大学期间，为了与不光彩的祖先尽量撇清关系，霍桑在自己的姓氏里加进了一个“w”。

霍桑大学期间的学业成绩很一般，不过他的文学天赋已经在那个时候得到了众人的称赞，这使得他坚定了从事文学创作的决心。在此后的人生中，他的同学，后来成为美国第十四届总统的富兰克林·皮尔斯给了他很大的帮助。

1825至1837年霍桑过起了隐居的生活，苦心练习写作，钻研美国殖民时期的历史。在此期间，霍桑自费出版了他的第一部历史小说《范肖》，但出版后不久，霍桑又将书收回并销毁。此后，霍桑埋头创作九年，创作了不少短篇小说，但一直都没有得到出版社的垂青。

在老同学布雷奇的帮助下，霍桑的短篇小说集《重讲一遍的故事》才得以出版，并引起了美国与英国评论界的注意。自此，霍桑的作家地位得到了确立，他的写作生涯步入了正轨。

为了攒钱结婚，霍桑在波士顿海关找了一份工作，接着，他入股爱默生等超验主义者创办的布鲁克农场。经过一番努力，霍桑终于在1842年步入了婚姻殿堂，婚姻生活非常美满。但在这段时间内，霍桑也不再对写作像之前那样投入，仅出版了一本短篇小说集《古屋青苔》。不过这本短篇集依然为他赢得了很多的读者，并受到了评论界的好评。

经过努力，霍桑成为塞勒姆海关的督察员。这份工作虽然繁忙，但也解决了霍桑的经济困难。在任期间，霍桑远离了文学创作。不久，辉格党的卷土重来使霍桑失去了这份工作，他只好重新投入到创作当中。三年后，母亲的去世使得霍桑悲痛万分。为了忘却现实中的痛苦，霍桑全身心地投入到《红字》的创作中。

1850年，霍桑备受争议的《红字》得以出版，一经面世便在英美文学界中引起了轰动。此后，霍桑的两部罗曼史小说《有七个尖顶阁的房子》(1851)、《福谷传奇》(1852)相继出版。这期间，霍桑还写了几本青少年读物。同时，霍桑为支持富兰克林·皮尔斯的总统竞选，而为他创作了传记。

皮尔斯成功当选总统后，并没有忘记霍桑在竞选过程中作出的贡献，作为回报，皮尔斯任命霍桑为驻英利物浦总领事。四年任期过后，皮尔斯卸任总统职务。此后不久，霍桑也辞去了公职，但并没有返回美国，而是迁居至意大利。

1860 年，霍桑回到美国，在康科德度过了他人生的最后几年。在那里，霍桑发奋创作，同时写作四部小说。1864 年 5 月 19 日，霍桑在熟睡中去世，他计划的四部小说一部也没有完成。

霍桑的作品特点

几乎每部作品中都讨论了罪行和邪恶。作品结构和形式都是经过精心设计的，特别注重人物的心理描写，对人物复杂的心理写得深入细致。作品中的象征手法使用得非常普遍、巧妙，具有多重含义，象征意义具有模糊性。

霍桑的代表作

《红字》

海丝特·白兰因为犯了通奸罪并有了孩子，被判入狱，并要永远佩带代表耻辱的红字。入狱后，丈夫为了自己的名誉，要求海丝特不要说出他们之间的关系，海丝特同意了。出狱后，海丝特与女儿过着简单幸福的生活。

海丝特的丈夫发现权势如日中天的丁梅斯代尔牧师便是与海丝特通奸的人，于是决定向他展开报复。海丝特及时发现了丈夫的毒计，想帮助丁梅斯代尔逃走，但仍没有逃脱丈夫的手掌。

失望的丁梅斯代尔在进行了轰动的演讲后，当众承认了他就是通奸犯。复仇成功的丈夫也因为生活不再有什么目的，而在一年后去世。海丝特则一直佩戴着象征罪孽的红字，常常忏悔。

这是一个关于罪，以及罪对其所涉及的人和社会的影响。作品中充满了象征意义的寓言故事。同时，在故事中，霍桑故意隐瞒了一些自然符号的象征含义，这又从整体上象征了人类的历史和内心世界，这两者之间的“事实”和“含义”，同样充满了谜。这部作品同时也对 17 世纪清教社会进行了批判。

63. 爱伦·坡（1809—1849）

1809年1月19日，艾德加·爱伦·坡出生于波士顿。父亲原本学法律，后被当戏院演员的母亲吸引，并为她改行。两个人结婚后一直过着颠沛流离的生活。更糟的是，父亲并没有表演的天赋，苦闷的他常常借酒浇愁，并在一次与母亲争吵后离家出走，再也没有回来。这个残缺的家庭，由母亲一人支撑，最终她积劳成疾，离开了人世。年幼的爱伦·坡被他的教父收养。

爱伦·坡先后在寄宿学校和神父办的私人学校念书，他深厚的古典文学基础便是在这段时间打下的。念书期间，爱伦·坡成绩优异，体育成绩非常突出，并与罗埃丝特陷入爱河。

1826年，爱伦·坡进入弗吉尼亚大学，因为养父的背景，爱伦·坡自认为是富家子弟，在大学里结交了一些富家子弟，染上了酗酒、赌博等恶习。养父对此十分失望，在他上学还不满一年时，便强制令他退学。

退学后的爱伦·坡发现罗埃丝特已与他人订婚——原来上学期间，他与罗埃丝特之间互通的情书都被养父扣下，造成两人之间不可挽回的误会，这让爱伦·坡深受打击，并因此毅然出走，前往波士顿。

在波士顿，爱伦·坡出版了《帖木儿诗集》，但无人问津。没有经济来源的爱伦·坡只好入伍当兵，一年半后晋升军士长。养母去世后，爱伦·坡回家奔丧，随即退伍。退伍后，爱伦·坡住在姨妈家，并教表妹念书。在养父的资助下，爱伦·坡进入了西点军校，但他受不了军校中的严格训练生活，经常旷课，受到军法处理，以玩忽职守的过失被开除。

1833年，爱伦·坡在巴尔的摩以《瓶中手稿》获得了《星期六游客报》短篇小说一等奖，这笔奖金对生活捉襟见肘的爱伦·坡无比重要，并使他坚定地走上了文学创作的道路。次年，养父去世，财产被几个嫡亲子女瓜分，爱伦·坡分文未得。他只身来到里士满，在《南方文学信使报》当了一名助理编辑。虽然其间他也发表过作品和评论，但都是敷衍之作。那段时光十分困苦，如果不是姨妈和表妹搬来与他同住，爱伦·坡很有可能自杀。

1835 年，爱伦·坡与年仅十三岁的弗吉尼亚举行了婚礼。婚后的爱伦·坡因过度酗酒，健康受损，影响了工作，进而被老板开除。此后，爱伦·坡出版了他唯一的一部中篇小说《阿瑟·戈登·皮姆述异》，但这本书仍乏人问津。

爱伦·坡先后在《绅士杂志》《格雷姆杂志》担任编辑，也间或发表一些作品。1841 年，他发表的《毛格街血案》代表了侦探小说的诞生。此后，爱伦·坡辗转多地，发表了一些短篇文章，虽然有的故事令杂志的销路狂增，但爱伦·坡的生活并未因此而发生改变，他的小说也仍未大卖过。

因为生活拮据，1847 年 1 月，弗吉尼亚在疾病的折磨中离开了人世。爱伦·坡为此肝肠寸断，不时出现幻觉，已没有精力进行文学创作了。

弗吉尼亚死后，爱伦·坡追求过两个女人但都未成功。1849 年，爱伦·坡又遇到了罗埃丝特，那时她已成为了一名富孀，她也同意了爱伦·坡的求婚。10 月 3 日，爱伦·坡又喝了个酩酊大醉，醉卧巴尔的摩街头，被人送到华盛顿大学医院，四天后，爱伦·坡结束了坎坷的一生。

爱伦·坡的作品特点

作品追求娱乐性，创造美感，力图制造惊险、恐怖和强烈情感的效果。为此，短篇小说的每一个字、每一个细节都服从于预设的效果。

作品永恒的主题是恐惧，包括对一切美好事物将被毁灭的恐惧和对即将到来的灾难的恐惧。作品善于营造恐怖和惊险的氛围，具有哥特式传奇色彩。其推理小说写作模式成为后来各国侦探小说的模式。

诗歌主题范围比较狭窄。因为爱伦·坡偏执地认为只有美与死才能表达出诗意，因此诗歌基调阴暗、凄凉，以音调、意境来打动读者。

小说题材也十分狭窄，脱离现实，没有活生生的人物。大部分作品的中心人物只有两个，一个是爱伦·坡本人，另一个是注定要死或已亡故的母亲或妻子。

爱伦·坡的代表作

《毛格街血案》

故事讲述了在毛格街发生的一起血案，被害者死状惨不忍睹。警方听了血案发生时各方人物的叙述，但仍毫无头绪。杜宾在经过缜密的分析和现场检查后，成功推测出了谁是凶手。凶案的凶手出人意料，而故事塑造的私家侦探杜宾，可以说是柯南道尔笔下福尔摩斯的前辈。

64. 惠特曼 （1819—1892）

1819 年 5 月，瓦尔特·惠特曼出于一个劳动人民家庭，在纽约的布鲁克林长大。惠特曼十一岁辍学，当了一名勤杂工，后来他换了几份工作，其中在一家报纸的印刷厂搞印刷的工作对他的文学生涯有很大的帮助。

十七岁前，惠特曼就在报纸上发表诗作。当他正式从事记者工作时，他也参与了民主政治。民主思想使惠特曼的诗作逐渐成形。他感到必须表达国家新兴而有生命力的事物，为此，惠特曼特意在 1851 年前后从事了一段时间的木匠工作，以体验生活。在此期间，惠特曼读了很多书籍，使知识系统化，此后，他提出了一套美学原则，这些在《草叶集》中得到了体现。

1855 年 7 月 4 日，惠特曼在美国独立日这一天，自费出版了他一生唯一的一本诗集《草叶集》。经过一再修改和扩充，这本诗集一共有九个版本。1891 年，惠特曼因得感冒而患肺炎。12 月 24 日，病情恶化，惠特曼立了遗嘱。不久，《草叶集》第九版即“临终版”问世。

1892 年 3 月，惠特曼去世。

惠特曼的作品特点

作品的独创性首先在于创造了一种新的诗歌形式——自由体诗，即没有固定节拍或韵律范式的诗歌。诗歌语言非常口语化，并选择会给人以冲击的词汇，甚至是反常的词汇来增加诗词的力量，使诗歌含义深邃。

诗歌以第一人称的运用著称。通过以“我”的声音讲话，诗人使自己的诗歌变得直接，易于引起读者的共鸣。主题有时涉及性，十分大胆地冲破了诗歌创作的禁区。当歌颂自我的时候，即把人体视为神圣和纯洁的。

惠特曼的代表作

《草叶集》

草叶是最普通，但同时也是最有生命力的东西。惠特曼以“草叶”为诗集的名称，象征了发展中的美国的民主、自由和希望。诗集以自我、创造和民族为主题，鲜明地阐述了惠特曼对祖国的热爱，对辉煌未来的憧憬和平等民主的理想。

这部诗集，因其采用了自由体诗的诗歌形式和口语化诗词，节奏自由奔放，气势如虹，内容则包容万象，也因此成为了美国文学史的里程碑。

65. 麦尔维尔 （1819—1891）

1819 年 8 月，赫尔曼·麦尔维尔出生于纽约的一个商人家庭。麦尔维尔年少丧父，只好中途辍学。麦尔维尔先后做过文书、店员、农场工人和教师，二十岁时开始海上谋生。1841 年，麦尔维尔去南海捕鲸，这段经历为他后来创作《白鲸》准备了第一手材料。

1850 年，麦尔维尔移居麻省的一个农场，与霍桑为邻，两人经常交流创作经验和对作品的意见。麦尔维尔于次年出版了《白鲸》，这部作品为他赢得声望。此后，麦尔维尔为启动妇女文学的市场，出版了《皮埃尔》，却引起了强烈的谴责，麦尔维尔的声望开始下降。此后，他写了一系列的中短篇小说，再次引起公众的注意，但这些作品并没有为麦尔维尔换来多少财富。他逐渐改写诗歌，还尝试过演讲，但也不太成功，随即选了一份安稳的工作。

麦尔维尔的晚年重操创作，写了他的第二大著作《比利·巴德》，但此书直到1924年才得以出版。最终，麦尔维尔在穷困潦倒中死去。

麦尔维尔的作品特点

作品中充满了史诗和悲剧的元素。作品熟练运用各种叙述技巧和各种层次的语言，对人物的心理分析十分精准。通过敏锐的观察，对外界事物能够进行生动的描述，在以强大的创造力编排这些要素后，而格外具有生命力。作品寓意丰富，包含着外部的（即故事性的）和内部的（即精神方面的）两方面的意思。

麦尔维尔的代表作

《白鲸》

亚哈船长在航海时，被一条凶猛的白鲸咬掉了一条腿，愤怒的船长发誓要报仇雪恨。为了达到目标，船长不顾一切不利的因素，寻遍了白鲸可能出现的所有海域，终于再次与白鲸相遇。双方随即发起了进攻，并最终同归于尽。

这是美国第一部散文体史诗。小说内容并不复杂，只是描述了海上生活，但却充满了象征意义，并具有多重象征性。其中，船象征人类社会和追求真理历程的缩影，白鲸则象征复杂神秘的自然，对船长来说，它还象征着邪恶，而对其他人而言，白鲸则象征神秘和真理。

● 现实主义时期文学

背景简介

1865 年至 1918 年间的美国文学在美国文学史上称为现实主义时期文学。

自美国内战到第一次世界大战期间，美国的政治、经济、文化和宗教都得到了巨大的发展。但在这背后，是资本家对工人阶级的剥削日益加深和贫富差距的拉大。对英雄的幻想和浪漫主义情怀，在残酷的战争留给人们的痛苦记忆和悲惨生活现实面前，已无立足之地，人们对此已经厌倦了。人们更希望看到的是对日常生活，对社会的阴暗面，对劳动阶级的抗争的描述。

现实主义作家不再代表中产阶级，而是以忠实地反映现实为己任，他们的作品涉及现实社会中的方方面面。

与此同时，达尔文的进化论和 19 世纪法国文学对这个时期的美国作家也产生了深远的影响，并因此产生了另一个文学流派——美国自然主义。作家们描写下层人民的生活，反映他们作为社会和自然的受害者的困苦。同时，他们以“兽性”来解释人的性欲，并以此作为作品的主题，使作品具有晦暗、悲观的色彩。

主要作家

66. 马克·吐温 （1835—1910）

马克·吐温原名塞缪尔·朗荷恩·克莱门斯，1835年11月30日生于密苏里州的小村佛罗里达，父亲是乡村律师兼小商人。由于身体不好，家庭贫寒，马克·吐温童年时代接受的正规教育很少。他的母亲经常带他到姨夫的农场上去消暑，这让马克·吐温对大自然产生了热爱。

马克·吐温十二岁时，父亲去世，他便来到一家印刷所当学徒，后来进入他哥哥的小报社。不久，马克·吐温离家外出谋生，先后到过东部和中西部。1856年，马克·吐温成为了密西西比河上的一名领航员。同年，马克·吐温写出了第一部幽默小说《卡拉维拉斯县著名的跳蛙》，并获得好评。后来，他连续写了不少幽默小品。内战爆发后，密西西比河上的航运中断，他随哥哥到了西部，在那里他成为了记者，并正式用马克·吐温作为自己的笔名。

1869年出版的记述他旅游欧洲的幽默游记《傻子国外旅行记》进一步奠定了他的声誉。但他同时也发现，仅有幽默是不够的，于是他转向了对社会问题的严肃审视。

马克·吐温在纽约结婚后，一家迁往康涅狄格州。然而，原本幸福的生活却被一连串的打击所击碎：儿子在十九个月大时死于白喉，之后，他的两个女儿也相继夭折。这让马克·吐温痛苦不已。也就在这时，他与人合伙投资的出版社也宣布了破产。在这接连的打击下，马克·吐温惯有的乐观被打消殆尽，这一点在《镀金时代》中有所展现。

马克·吐温晚年的作品中，始终贯穿着悲观绝望的主题。在他的作品中，愤世嫉俗以及“可恨的人类”观点十分明显。1910 年，马克·吐温因心脏病去世。

马克·吐温的作品特点

作品以密西西比河和美国西部作为写作主题，马克·吐温善于描绘这些地方的风物、地方特色和历史背景，语言风格偏于乡土气息，注重口语化，尽管有时不合语法，但非常的真实可感。这成为作品的一大特色，备受文学界尊敬。通过这些描写，折射出现代社会的一些情况。

在通过大量的笑话和喜剧情节令读者捧腹的同时，也是对社会的各个阴暗面的讽刺和抨击。

马克·吐温的代表作

《汤姆·索亚历险记》

一天深夜，顽皮的孤儿汤姆与哈克贝利·费恩在墓地目睹了一场杀人案。此后，两人便与凶手进行了一次次斗智斗勇的较量，并最终控制住了凶手。在发现凶手的山洞中，他们还发现了一笔宝藏，这一系列传奇的经历，使得他们成为了村里的英雄。

这个故事是成人对孩童时代的回忆和幻想，并对孩童时代所会面临的各种情况和面临这些情况时，只有儿童才会有的感想和心情进行了淋漓尽致的刻画。

《哈克贝利·费恩历险记》

在杰克逊岛上，哈克贝利·费恩遇到了为避免再次被卖掉而逃跑的黑奴吉姆。此时的哈克贝利因为家庭生活并不幸福，为了追求自由，他与吉姆一同开始了在密西西比河上的逃亡生活。经过一系列险象环生和意外频繁的历险后，他们却发现原来吉姆已经被释放了，这一系列逃亡行为根本没有必要。

作为《汤姆·索亚历险记》的续篇，这部小说是马克·吐温文学创作的高峰。海明威曾把该书看作是“所有现代美国文学之源”。该书具有多方面的意义。

哈克贝利这一人物成为美国文学中的一个经典，他与吉姆之间充满了人性良知与社会法制之间的矛盾。通过他，在小说的发展中，读者也看到了社会中形形色色的人物和他们的生活。正是这些人传达出了诚实、公正和仁慈，在他们的影响下，哈克贝利的道德良知最终战胜了世俗偏见。

这部著作也让人们真正见识了美国精神，对美国的社会状况也有了一定的了解。

67. 亨利·詹姆斯 （1843—1916）

1843年4月15日，亨利·詹姆斯出生在纽约的一个富裕家庭里，父亲是著名学者，哥哥是著名哲学家兼心理学家。出身的优越使亨利·詹姆斯成为美国少有的不是为了谋生而进行创作的作家。

亨利·詹姆斯自幼往返欧美，很早就接受了国际社会的教育。在哈佛学习期间，亨利·詹姆斯广泛阅读了巴尔扎克、乔治·桑、艾略特以及霍桑的作品。后来他广游英、法、意等国，遇见了福楼拜、莫泊桑、左拉和屠格涅夫，这些作家对他的写作产生了莫大的影响。与马克·吐温不时地嘲讽欧洲传统不同，亨利·詹姆斯对欧洲文明十分仰慕。他认为美国生活的物质倾向和缺少高层次文化不能给他提供文学创作的素材，所以，亨利·詹姆斯于1876年定居英国，1915年入英国国籍。1916年，英王乔治五世授予他勋章，同年，詹姆斯在英国逝世。

亨利·詹姆斯被普遍认为是20世纪意识流小说的先驱和心理现实主义的奠基者。

亨利·詹姆斯的作品特点

小说建立在欧美为主的国际大背景下，展现不同的文化价值观和文化制度之间的冲突。作品注重分析人物的内心活动，从小说的主人公的角度阐述故事，小说的场景和对事物的态度，都是从人物的个体角度来看待的。作品语言高雅而富有见解，词语丰富，措辞准确，很好地表现了文学想象力。

亨利·詹姆斯的代表作

《贵妇人画像》

美国少女伊莎贝尔前往英国，被住在英国的表哥拉尔夫爱上，但因为拉尔夫得了不治之症，只好打消与她结婚的念头，但他仍爱着伊莎贝尔。拉尔夫说服病危的父亲，让伊莎贝尔继承财产。伊莎贝尔也因此而成为了富人，继而前往意大利游览。

在那里，伊莎贝尔结识了同样有美国背景的梅尔夫人，在梅尔夫人的介绍下，伊莎贝尔与有艺术家气质的奥斯蒙德相爱并结婚，而且还承担起照顾奥斯蒙德女儿帕茜的责任。但婚后不久，伊莎贝尔便发现奥斯蒙德是一个伪君子，帕茜就是梅尔夫人的女儿。为此，伊莎贝尔深受打击。拉尔夫去世时，伊莎贝尔回到英国。在那里，她虽然遇到了真爱，但因为责任和对帕茜的挂念，使她最终回到了意大利。

作品兼有詹姆斯早期作品的轻快风格和后期形成的精雕细琢的艺术特点，对人物的内心活动进行了细致而深刻的揭示。在作品的结尾，伊莎贝尔虽然重新回到了不幸的家庭中，但她此时的状态已经完全不同于结婚前的状态，她是明知道会面对什么，却仍带着勇气和责任前去面对。这是一种对精神自由的诠释。

68. 德莱塞 （1871—1945）

1871年，西奥多·德莱塞出生于印第安纳州的一个德国移民家庭，家里的人笃守宗教。他在一所天主教学校接受教育，后来到印第安纳华沙的一所公学求学。在那里，一位欣赏他学业的教师帮助他在印第安纳大学学习了一年。除了学校教育，德莱塞阅读了大量的文学作品，其中，巴尔扎克、达尔文和斯宾塞对他的影响最大。

十五岁时，德莱塞自谋生路，做些零活，勉强糊口。为了成为作家，德莱塞在芝加哥的一家报馆谋到了一个职位，坚持边学边用，逐渐走上了成为作家的道路。

德莱塞的第一部长篇小说《嘉丽妹妹》，因为发行上并没有花力气推广而销量不佳。在《珍妮姑娘》出版后，德莱塞相继推出了他的《欲望》三部曲的头两部——《金融家》（1912）、《巨人》（1914），第三部《斯多噶》在他死后的1947年才出版。德莱塞的巨著《美国的悲剧》出版后，在波士顿遭到禁令。德莱塞就此放弃小说，从事政治活动和辩论词写作。此后，德莱赛应邀访俄，并写下了《德莱塞访苏印象记》。

1945年，德莱塞在好莱坞去世。

德莱塞的作品特点

在德莱塞的小说中，整个世界就是一片丛林，那里的法则就是“要么杀人，要么被杀”。自然主义在每本书里都得到了表现。

作品一反美国文学的优雅传统，以现实主义方法处理生活。小说中没有评论和判断，只有事实的陈述。写作风格虽显粗糙，但内容严肃，充满丰富的象征，与表现主题十分相符。

对于物质和精神满足的探求是每一部小说的核心，并且每一部小说都以主人公最基本的精神探索作结。

德莱塞的代表作

《嘉丽妹妹》

出身贫寒，但虚荣心强的嘉丽离开农村，来到繁华的芝加哥，追求她心中的富裕生活。在那里，嘉丽的生活却陷入了困顿，同时，她也看到了社会上悬殊的贫富差距。为了达到目的，嘉丽不断地以做情人为跳板，生活环境一再改善，并最终挤入了上流社会。但在实现梦想后，她反而感到更加空虚和无聊。

此后，嘉丽也经历了两场爱情，不过都没有修成正果。想让她做情人的两个男人虽然想方设法与她在一起，但最终都落到了身败名裂的地步。

这不是一部道德小说，但不可否认它是一部严肃的作品，它很好地体现了作者自然主义的观点。虽然人类在遗传、本能和机会上均受环境的控制，但仍有一些出众的不世俗的人拒绝默默接受命运，虽不能成功，但奋起抗争，寻找生存的意义。嘉丽就是这样的人，她感到自己只是这个无情世界的一个不值一文的人物，但仍寻求并抓住生活中的机会，以此满足她对社会地位和物质享受的欲望。

● 现代时期文学

背景简介

美国现代文学时期是指20世纪初期至中叶。

两次世界大战和20世纪30年代的经济大萧条、政治腐败和恐怖运动的产生，这一系列事件，使美国人民在信仰和行为方式上都发生了变化。人们心怀恐惧，及时行乐和各种悲观思想在民众中弥漫。这些都在同时期的作品中有所体现。同时，马克思主义、弗洛伊德学说、欧洲现代派艺术对美国的现代文学产生了影响。在20世纪五六十年代，出现了以凯鲁亚克、艾伦·金斯堡和威廉·巴勒斯为代表的“垮掉的一代”，他们的作品力图使诗摆脱学究气，力求通俗。

1945年之后，一群犹太籍美国作家开始出现，他们的作品汲取了犹太人的经验和传统，通过令人难以容忍的现代历史揭露了人性的深处。同时，黑人小说也占据了重要的地位，这是美国历史上，美国黑人第一次对他们的群体和个人的身份开始质疑。

20世纪六七十年代，美国作家们反对传统，开始尝试创作的新形势，被称为“新小说”。他们使荒诞的观点和荒诞的形式相结合，运用喜剧夸张，把难以想象的事件用现实的手法表现出来。

在此之后，各种作家、各种小说技巧和新颖的观点纷纷登场。因此，美国现代文学作品的特点可以说是反传统，求创新。

主要作家

69. 庞德 （1885—1972）

1885年10月30日，埃兹拉·庞德出生于美国爱达荷州的一个小镇，在宾夕法尼亚州长大，先后就读宾夕法尼亚州立大学和哈密尔顿大学。在大学毕业前，他就掌握了九门语言。在大学教了四个月的书后，庞德于1908年赴威尼斯，后来又到了伦敦，与叶芝相遇，互有教益。

在伦敦的几年里，庞德讲授传奇文学，出版了几本诗歌和评论文章，任芝加哥杂志《诗刊》的外国编辑。

1915年庞德创作《诗章》，从1917年一直写到1959年。1921年，庞德奔赴巴黎，在那里他参加了著名的文学沙龙，并开始了诗歌改革试验，这成为美国流浪文学家在国外开展的最著名的文学活动。

二战爆发后，庞德开始为意大利政府工作，从事反对闪米特赞成法兰西的广播宣传，战后被关在华盛顿哥伦比亚特区刑事精神失常医院达十二年之久。这一期间，庞德接受来访，写信，创作诗章，翻译古希腊诗和中国古诗，并获奖。

1958年，庞德被释放。回到意大利，庞德与妻女一同度过晚年，其间，他在威尼斯深居简出，很少与外界来往，1972年逝世。

庞德是意象派诗歌的代表人物，是当时最受影响的诗人之一。他影响了一战后发动现代文学运动的英美一代作家，也影响了美国20世纪的文学道路。

庞德的作品特点

庞德的诗歌均不是他的原创，而是以他所仰慕的诗人的语气，将其他人的诗歌进行翻译、引用、模仿，或是几首诗歌综合，然后融入他的美学原则，赋予这些诗歌新的生命。诗歌不屑使用简单的修辞，并总使诗歌保持正常语言的词序，其最大的魅力在于其抒情性。

其文艺批评阐述了庞德对美学、诗歌和政治的观点，评论独到，富有见解。这方面的影响比他的诗歌影响更为长久。

庞德的代表作

《在地铁站内》

全诗只有两句："这几张脸在人群中幽灵般闪现；湿漉漉的黑色枝条上花瓣数点。"描写了在地铁站内机械涌动着的一张张沉默、颓废、情绪低落的脸。而在这些人当中，儿童天真、可爱、生机勃勃的面孔给了地铁站新的活力，并带来了愉悦的感受。表达了作者对肮脏社会的不满，充满对人生艰难的暗喻。即使如此，作者仍认为现实中充满希望，在现实生活中，逆境与希望是共同存在的。

70. 奥尼尔 （1888—1953）

1888年10月16日，尤金·奥尼尔出生在纽约的一个戏剧世家，他的父亲詹姆斯·奥尼尔是著名的莎士比亚剧演员，但最后总是重复地扮演他最成功的角色，因此他的表演艺术没有进展。

奥尼尔的早年是与父母在戏剧演出旅行中度过的。在接连上了几个教会寄宿学校后，奥尼尔在1906年进入普林斯顿大学，但在一次酗酒闹事后被停学一年，从此再也没有复学。

在遭遇婚姻的失败后，奥尼尔懊恼之下，出海周游世界。1912年，奥尼尔曾企图自杀，虽然没有成功，但身体就此垮了下来，被迫在疗养院里待了几个月疗养肺结核，其间，他广泛地阅读戏剧文学，培养了戏剧创作的兴趣。两年后，奥尼尔参加了乔治·皮尔斯·贝克教授在哈佛的戏剧工作室，从此开始了戏剧创作生涯。1918年，奥尼尔创作了戏剧《天边外》，两年后，该剧在百老汇上演，并获普利策奖。同年，奥尼尔创作的戏剧《安娜·克里斯蒂》为他获得了第二个普利策奖，由此奠定了他在美国戏剧界的地位。此后的四年里，奥尼尔的象征表现主义获得了空前的成就，这使奥尼尔得以进一步在舞台方面发挥才能，直至他戏剧生涯的顶峰。1928 年，奥尼尔的《奇异的插曲》将戏剧中涉及的多种问题收集在一起。这部剧为奥尼尔赢得了第三个普利策奖。这些年累计下来的戏剧经验和所获得的奖项，为奥尼尔获得 1936 年的诺贝尔文学奖铺平了道路。

此后，奥尼尔总体上保持沉默，而他的作品也开始受到非议。奥尼尔并没有因此而放弃创作，他将自己隔离在位于加利福尼亚丹佛的房子里，不停地工作，在他晚年的时候，终于创作出现代美国剧院最好、最伟大的戏剧——《送冰的人来了》。

1956 年，按奥尼尔的遗嘱，带有自传性质的新剧《进入黑夜的漫长旅程》在他死后得以上演。该剧再次获得成功。这部难得的艺术佳品获得了世界经典的地位并同时标志着奥尼尔文学生涯的顶峰以及美国戏剧时代的到来。

奥尼尔的作品特点

作品深深地根植于生活，关注人类的生存和困境，随着奥尼尔艺术理论的发展而发展，并善于把握时代的精神。作品中的人物追求着生活的意义和目的，但都以悲剧收场。

作品常常使用方言或将单词按照不同的语音或说话方式来拼写，有时在阅读剧本时会造成理解上的困难，但是当大声朗读出来时意思就会明白，其含义也由此而更加丰富。作品使用抽象而富有象征性的舞台效果来传达人物内心的情感和主观的想法，灯光和音乐都用来表现人物不同的心境。

奥尼尔的代表作

《天边外》

天性浪漫不安于现状的罗伯特和性格截然相反的哥哥安德鲁同时爱上少女露丝。在两个人的追求下，露丝选择了罗伯特，而安德鲁不得不云游在外。一心想出去闯荡的罗伯特却不得不与露丝在家务农，因为不善于农务，导致了家境日益贫困。最终三个人都没有过上理想的生活。

这是一部在对生活的认真思考和研究下产生的，在环境与性格的冲突和生死抉择下，真实的、合理的、辛酸的美国悲剧。由此表达了作者对于人性富于同情的理解。

《进入黑夜的漫长旅程》

蒂龙因为童年的艰难生活，而成为了一个吝啬之人。因为他太过看重金钱，而给这个家庭带来了诸多灾难。婚后的蒂龙仍不改吝啬本性，在妻子生育后身体不适的情况下，为了节约医疗费用，蒂龙竟然找了一个庸医给妻子看病，致使妻子染上了毒瘾。他的长子整天游手好闲，酗酒赌博。小儿子则体弱多病，对前途感到悲观失望，沉溺在不切实际的幻想中。

这是一部半自传性的戏剧，戏中的每个家庭成员都挣扎在爱与恨的纠结中，通过他们的纠结，反映出了现实生活中的种种矛盾。随着漫漫长夜的来临，由对生活态度的挣扎走向了绝望。

戏剧中的这个家庭在某种程度上也是社会的缩影，同时，该剧也象征了奥尼尔在重重困难下，不断寻求爱、寻求归属的过程。

71. 菲茨杰拉德 （1896—1940）

1896 年 9 月 24 日，弗朗西斯·斯科特·基·菲茨杰拉德出生于明尼苏达州的圣保罗市。菲茨杰拉德的父亲是一名商人，但在他出生后不久便宣告破产。幸亏有祖父留下的遗产，菲茨杰拉德的童年才没有因为父亲的破产而遭受影响，并在普林斯顿的一所私立学校接受了正规教育。

菲茨杰拉德的才华在少年时便锋芒毕露，十六岁的时候，他便完成了两

出传奇剧，并亲自担任监制，将这两出戏在圣保罗进行了公演。此后，在普林斯顿大学的深造，也使得他的文学基础更为坚实。当他在文学之路畅通无阻的时候，身体的原因却使他不得不在1917年离开了大学。

离开大学后的菲茨杰拉德在1918年来到阿拉巴马州，进行了长达十五个月的服役。在那里，他收获了美女泽尔达的爱情。菲茨杰拉德将他对泽尔达的这份炽热的感情，转化成为《了不起的盖茨比》中男主人公盖茨比对苔西的爱。

在当兵期间，菲茨杰拉德并没有放弃写作，并在退伍后，凭借其出版的《人间天堂》而一举成名，并荣获了一项文学奖项。一周后，他便与泽尔达在纽约成婚。婚后，菲茨杰拉德与泽尔达频频出国，过着纸醉金迷的生活。1922年，菲茨杰拉德出版了第二部长篇小说《美丽与毁灭》。写作事业的成功，让菲茨杰拉德的生活更为糜烂、奢侈。即便如此，菲茨杰拉德在文学创作的过程中却能保持对生活的严肃审视，甚至对自己的生活进行了抨击。

在这种创作态度下，菲茨杰拉德于1925年出版了《了不起的盖茨比》，这部作品的出版代表了他的创作生涯达到了顶峰。

1929年，金融危机爆发，菲茨杰拉德的奢侈生活就此结束。这一打击对于菲茨杰拉德来说无异于一场灾难的导火索，不久之后，泽尔达便患上了精神病，受不了打击的菲茨杰拉德也整日酗酒度日，创作也陷入了低谷，他曾试图为好莱坞创作剧本，但都以失败告终。他在自己的札记中写道："我们的脚下没有了土地。"

1940年，菲茨杰拉德因心脏病突发，猝死于洛杉矶。

菲茨杰拉德的作品特点

因为菲茨杰拉德的出身和他的成功，使他对上层社会的生活有了更为深入的体验。虽然他过着纸醉金迷的生活，但他不乏内省，他对"金钱的堕落”造成的悲剧早有洞悉，因此，他被认为是早期“爵士时代”的文学代言人。也正因为他不回避悲剧性的结局，揭露了主人公的浪漫生活终将在严酷的现实面前脆弱不堪，他的作品毫不回避地讲述了美国梦的破碎。

作品对生活的细节、人物的对话刻画得十分细致，并能够运用独创性的措辞和比喻对这一切进行准确的描述。丰富的想象力和准确的细节刻画，使作品达到大师的境界。

菲茨杰拉德的代表作

《了不起的盖茨比》

小说讲述了盖茨比曾因为贫穷而与心中的女神苔西失之交臂。为了能与苔西走到一起，盖茨比努力致富，并最终发家。发家后的盖茨比陷入了在上流社会中所弥漫的空虚和无聊中。同时，为了得到苔西，盖茨比挥金如土，耗尽心思，却最终丧失生命。

小说中的盖茨比富有、神秘，他在别墅里夜夜笙歌，挥金如土，同时他也是浪漫、平凡的，是当时怀有“美国梦”的年轻人的典型。除了富有，他与每个人一样，对爱情充满向往，感情炽烈。

在盖茨比的身上，集中体现了美国人追求物质的同时，也对未来充满了信念和希望。就是这样一个传奇人物的爱情失败，最终让他的一切希望与信念破灭。通过戏剧性的结尾，菲茨杰拉德将人们向往的美国梦活生生地撕碎在人们面前，让人们为盖茨比的失败、为美国梦的破碎而惋惜和痛苦的同时，也不得不去思考：是否得到物质的满足，就一定会得到梦想中的成功？

72. 福克纳（1897—1962）

1897年9月25日，威廉·福克纳出生于密西西比州。他的曾祖父曾参加过南北战争，在家乡是位传奇人物，福克纳的小说就是以他为原型而展开的。他的父亲是密西西比大学的商业经理，不善交际，而他的母亲心胸远大，敏感而有文才，对福克纳有更深的影响。

因为贫穷，福克纳十几岁就辍学了。然而，他爱好文学，对现实的不满

也使他的想象力得到了发展，他有着当作家的强烈愿望。

1918年，福克纳应征入伍，参加英国皇家飞行大队。战后，在朋友的帮助下，福克纳出版了第一卷诗集。两年后，福克纳出版了第一部小说。而在欧洲的旅行，则进一步开阔了福克纳的眼界。在这期间，他学习了乔伊斯的实验派和弗洛伊德的心理分析理论。

福克纳结婚后一连出版了许多著名作品，后来还到好莱坞当过编剧。然而，直到1946年出版了作品集，他才在美国获得声望。1949年，他因作品《我弥留之际》而获得诺贝尔文学奖，随后他又获得许多奖。虽然他在此后的日子里创作了很多出色的小说，但都没有赶上他早期的作品。1962年，福克纳因心脏病病发，猝死于密西西比州牛津市。

福克纳的作品特点

大多数作品都以美国南方为主题，充斥着南方的风俗和思想意识。除了处理历史问题和现实问题，福克纳还在小说中关注自然与社会的问题。

作品的叙述手法十分高超，以一个事件为中心，多角度来叙述，使故事有了立体的真实性。在叙述故事的过程中，从不做主观的评论，而是让人物自我表现，让读者自由评判。小说故意打乱时间结构，把过去同现在混杂在一起。作品中的人物几乎结局都是悲剧性的，这是因为这些人要么为过去的思想所禁锢，要么受世俗思维限制，或受社会道德和内在人格束缚。小说中娴熟地使用了内心独白等意识流的创作方式，从而更好地展现人物在故事叙述中的反映和内心思想。同时，作品中也引用了神话、圣经典故，并运用象征主义的手法。

作品的文体特点是句子长，用复合句子，指称模糊，同时还用各种语体，较为难懂。词语排比、肯定、否定并用，复合式形容词比比皆是，名词后有长串修饰，但语言仍然轻松自然。作品中的方言、土语多来自密西西比地区，而象征则多源于自然。

福克纳的代表作

《喧哗与骚动》

全书分为四部分，分别讲述了南方杰弗逊镇的望族中各个家庭成员的遭遇和精神状态，以四个不同的角度来讲述了这个家族没落的悲剧。从白痴的小儿子班吉的眼中，描述了濒临没落的家族情况；而班吉的哥哥昆丁则是从个人的角度，描述了处于这种败落家族中所经历的和对此的感想；昆丁的另一个弟弟杰生因为昆丁没能帮他谋到银行的职位，而怀恨在心，是一个卑劣的人物；最终，小说以这个家族的黑人女佣迪尔西对这个家族的观察而结束。通过前三部分的描述，映衬出迪尔西的坚韧。

故事以南方为背景，陷入怀旧情绪的主人公将童年与现状进行种种对比。在对比中，展现了各种冲突的同时，也展现了人类生活每况愈下，一切都在失去，传达了一种从过去到现在一切都在沦丧的悲伤感。

在整部作品中，作者通过各个人物的回忆和观点，用复线结构的纯意识流，塑造了形象丰满的主人公和复杂的故事结构，因此成为广受推崇的文学经典。

73. 纳博科夫 （1899—1977）

1899 年 4 月 23 日，弗拉基米尔·纳博科夫出生于俄罗斯圣彼得堡的一个豪门之中。受家庭影响，纳博科夫从小便会俄语、英语、法语。俄国二月革命爆发后，纳博科夫便开始了他的漂泊生活，先后来到克里米亚、英国，因此得以在剑桥大学进修。1922 年，纳博科夫的父亲在德国被俄罗斯君主制主义分子误杀，这一情节在纳博科夫的小说中时常被采用。同年 6 月，在纳博科夫获得剑桥双学位后，来到柏林与家人团圆。在那里，纳博科夫遇到了他的爱人，并于三年后成婚。此后，为了躲避纳粹所带来的灾难，纳博科夫与妻子来到巴黎。在欧洲闯荡的这段时间里，纳博科夫创作了许多小说和剧本。

1940年，纳博科夫一家来到美国。在那里，他先后在纽约博物馆、哈佛大学、康奈尔大学工作过。这期间，他出版了多部作品。

1953年底，纳博科夫完成了耗时五年的《洛丽塔》，但因为题材涉及恋童问题，书稿遭到了美国各大出版商的拒绝。纳博科夫只好将这部小说拿到巴黎出版，但仅隔了一年，便被法国政府列为禁书。1958年，该书才在美国得以出版，并在发行的第一周便获得了只有《飘》才达到的十万册的销售成绩。这部作品终于让默默耕耘的纳博科夫在西方获得盛名。1973年，纳博科夫获得了国家文学金奖。四年后，纳博科夫在洛桑病逝。

纳博科夫的作品特点

突破了传统小说的窠臼，代之以创新的文体形式、精湛的叙事技巧、独特的语言风格。为了表达对艺术的理解，作品虽然采用了不同的题材，但都是用象征的手法来揭示关于艺术的问题。

纳博科夫代表作

《洛丽塔》

亨伯特因为十四岁恋人的早逝，而造成了他的恋童癖。因此，亨伯特恋上了女房东十二岁的女儿洛丽塔。而洛丽塔也竭尽所能地挑逗他，这更让亨伯特按捺不住对洛丽塔的爱恋。为了与洛丽塔在一起，亨伯特与女房东结为夫妇，这样他就可以毫无顾忌地对洛丽塔好。当女房东发现他们之间的恋情后，气愤地离开了屋子，却被车撞死。亨伯特终于与洛丽塔发生了关系。从那以后，亨伯特带着洛丽塔驾车周游。一年后亨伯特经济紧张，他便安顿下来，在大学法语系开设讲座，把洛丽塔送进了当地的女子学校。翌年，洛丽塔参加一个短剧排演，亨伯特深感不安，带着洛丽塔又开始旅行。不久之后，洛丽塔突然失踪，亨伯特多方寻找未果。

当亨伯特再次有洛丽塔消息的时候，洛丽塔已为人妇，并怀孕了。洛丽塔写信向他请求金钱支援。来到脏脏的贫民窟，亨伯特见到了憔悴的洛丽塔。原来当初拐走她的是剧作家奎尔蒂，拐走洛丽塔后，奎尔蒂强迫她拍春宫电影，后来又将她抛弃。走投无路的洛丽塔最后嫁给一个贫穷耳聋的退伍兵。亨伯特心如刀绞，他找到奎尔蒂，以洛丽塔父亲的名义开枪打死了他。亨伯特被捕，因心脏病突发死于狱中，一个月后洛丽塔死于难产。

通过这个故事，作品对记忆与时间、意识与现实、虚构与真实的关系，进行了探索。

74. 海明威（1899—1961）

1899年7月21日，欧纳斯特·海明威出生于伊利诺伊州的一个医生家庭。他上学期间，学业非常出色，经常为校报和杂志供稿，热爱体育。中学毕业后，他离家来到堪萨斯市当了一名记者。

一战期间，海明威在美国红十字会当男护士，1918年两腿严重受伤。战后，他获得国家多种嘉奖，并晋升为中尉军衔。身体康复后，海明威去巴黎做外国记者，受雇于《多伦多星报》。在那里，受美国女作家斯泰因、诗人庞德、英国作家福德等人的影响和指导，他成为了作家，出版了许多作品。其中《太阳照样升起》是海明威成熟的作品，这部小说已经出现了海明威式的人物。

西班牙内战爆发后，海明威以战地记者的身份奔赴前线。此后，海明威又参与二战，并获得一枚铜质奖章。1952年，海明威发表了《老人与海》，这是《丧钟为谁而鸣》中已显出的人生态度的继续，写人类与自然斗争的胜利。这本书是海明威的创作高峰。两年后，海明威凭借该书获得诺贝尔文学奖。

1961年，迫于多种疾病、焦虑和忧郁，海明威选择了用猎枪自杀。

海明威的作品特点

作品中的人物活动范围有限，总是在相同的环境中生活，都是“在生活的重压下保持自尊”，这是海明威一直在表现的一种人生态度。这种态度也塑造了海明威式的人物，这些英雄人物用诚实、纪律和自律来与他们所面对的冷酷世界作抗争。

作品的内容看似简单自然，但实际上已精心修饰，极富暗示性和深广意蕴。这便形成了海明威的“冰山”原则——一座冰山的八分之七都隐藏在它所飘浮的水面之下。海明威认为，好的作家将人物行为和完整故事的八分之一展现出来，就可以展现出整个故事的所有含义。

小说中的人物会话有乡土气息，人物有血有肉。小说措辞简短，语句精悍，但却清晰明了。反讽被当成一种对待生活的态度来运用。在作品里，反讽的含义被扩大化，表现了现实与期望、期望与结果、本应如此与事实如此等之间的差别。面对种种差别，海明威认为每个人都必须严肃地对待并容忍它们。

海明威的代表作

《老人与海》

小说讲述了老渔夫桑地亚哥在八十四天没有捕到鱼的情况下，不顾危险，进入深海中捕鱼。当他终于捕到一条大马林鱼后，却在归途上遇到了鲨鱼的袭击。经过与鲨鱼的奋勇搏斗，桑地亚哥终于将马林鱼带上了岸，却只剩下了鱼头鱼尾和一条鱼脊椎。

小说通过讲述渔夫与鲨鱼搏斗的故事，表明人生是与不可战胜的自然力抗争的过程。虽然人类在这个抗争中付出了一切，却只能取得部分的胜利，也正是因为这样，人类的抗争愈加值得尊敬。

《丧钟为谁而鸣》

作品讲的是一名美国志愿游击队队员罗伯特·乔登在西班牙内战中作战的故事。在西班牙加入共和党军后，乔登被派往塞戈维亚附近山区的一个游击队。为了帮助共和党军队挺进，游击队要准时炸毁一座桥梁。在执行任务时，他与共和党市长的女儿相爱。在接下来的三天三夜里，他们一同经历了许多不幸。虽然桥最终被炸毁，但部队撤离时，却落下了乔登。被敌人包围的乔登，克制住绝望的念头，奋力与敌人抗争。虽然他自己也知道他的斗争注定是要失败的，但仍坚持战斗，因为这是为民主而战。最后，他的献身证明人生是有价值的，事业是值得献身的。

75. 凯鲁亚克 （1922—1969）

杰克·凯鲁亚克于1922年3月12日在马萨诸塞州的洛厄尔出生，他的父母是从魁北克农村来到洛厄尔的移民。作为移民，凯鲁亚克的父母仍保持着对祖国的热爱，所以，在家中一直使用法语方言。在父母的影响下，凯鲁亚克直到六岁时才能够说流利的英语。

凯鲁亚克是一名全才生，成绩优异，而且也非常擅长橄榄球。1939年，凯鲁亚克以优异的成绩考上了哥伦比亚大学，并获得橄榄球奖学金。但凯鲁亚克却并不是一个安分守己的孩子，他桀骜不驯，不为世俗困扰的性格，使他仅上了两年大学，便因为与橄榄球教练发生冲突，而选择了退学。

退学后的凯鲁亚克做了一名水手，这一行业让他的两个梦想都得到了实现。二战时期，凯鲁亚克在商船上做水手，并根据他的经历创作了《海洋是我的兄弟》，该部作品于1943年完成。

1944年，凯鲁亚克认识了威廉·巴勒斯和艾伦·金斯堡，跟他们交往后，坚定了他当作家的决心。日后，他们成为了“垮掉的一代”的核心。凯鲁亚克以其中某些成员为原型，在《在路上》这部书中进行了描述。

凯鲁亚克过着一种充满叛逆的生活：吸毒、酗酒。但同时，他对父母仍是非常尊重的，在家中，他还是一个乖儿子。这两种不同的生活方式让他过着一种非常分裂的生活。最终他的堕落生活和不驯的性格使他在一场凶杀案中因为没有举报凶手而被捕。虽然事后被放，但他失去了女友和父亲的信任而孤独落寞。得不到关怀的凯鲁亚克选择了继续堕落下去，最终患病住院。

或许这场病让凯鲁亚克意识到自己糜烂生活的危险，出院后，他回归到正常生活中，照顾病重的父亲。1946 年，父亲去世，爱好文学的凯鲁亚克决定写一部浩瀚的小说，以证明自己的价值，同时，也希望改变家人对他的看法。于是，他用了两年的时间创造《乡镇和城市》，为了鼓励自己，在创造过程中，凯鲁亚克不仅在记事本中记录写作进度，还写了一些赞美诗和祈祷文。在这一年里，凯鲁亚克认识了丹佛的卡萨迪，多年后，卡萨迪成为了《在路上》的主角迪安的原型。

1948 年 5 月，凯鲁亚克完成了《乡镇和城市》这部小说，时隔两年后才得以出版。但这部承载着他全部希望的小说在评论界并没有受到重视，销量很差。这不仅打击了凯鲁亚克的文学野心，同时也让他的经济捉襟见肘，不得不靠母亲的收入生活。

凯鲁亚克以自己这些年来的生活经验为基础，创作了他自认为完整的小说《在路上》。在创作这部成名作的时候，凯鲁亚克连续在打字机前工作了三个星期，衣服湿透了不知多少次。这部让他痴迷、全身心投入的作品，虽然在 1957 年 7 月出版时大受欢迎，并在美国引起了一阵流浪风——搭个顺风车，自由自在地游遍全美国，当时美国的很多青年人都有这种想法，但其出版的过程并不顺利，在完成后的两年时间里，凯鲁亚克在编辑顾问考利的帮助下，几经努力却只在杂志上节选刊登了一部分。直到 1955 年，该书才在考利的接任者的努力下得以出版，即便如此，书中的一些敏感内容还是被删去了。虽然此后凯鲁亚克依然创作着属于他的故事，但一直没有超过《在路上》所达到的成就。

因为凯鲁亚克年轻时的放纵生活，致使他年仅四十七岁（1969 年 10 月 21 日）时，便因腹腔内出血而英年早逝。

凯鲁亚克的作品特点

凯鲁亚克以自己的亲身经历为主要写作素材，所以，其作品可以说是当时美国社会现象的真实写照，很容易引起读者的共鸣。

作品不采用传统的小说叙述形式，对小说写作的技巧毫不在意，用随性的语句表达，松散的结构，没有很强的故事情节的写作方式，对传统写作方式进行了挑衅。

凯鲁亚克的代表作

《在路上》

小说讲述了主人公萨尔在美国大地上茫然奔波，通过搭顺风车、四处借宿的方式，几次横穿美国大陆，并到达墨西哥的经历。在这个经历中，追求个性自由的萨尔和迪安、玛丽卢等几个朋友一路上过着酗酒、吸毒的放纵生活，并不时地一起谈论东方禅宗，感悟生命的意义。小说在纷杂琐碎的描述之下，充满了无奈和哀伤。这也是“垮掉的一代”作品的特点之一。

这部小说之所以能够流传于世，而且成为“垮掉的一代”的经典作品，在于小说的结尾处，主人公并没有因为自身的平庸和生活的艰辛而选择继续堕落下去，相反，在经历了这么多的颠簸和不顺后，主人公却对未来充满了希望，对待生活的态度变得严肃起来。“希望”是这部作品的升华，人类的历史总是在希望中前进，作品也带着希望继续流芳。

76. 海勒 （1923—1999）

1923 年 5 月 1 日，约瑟夫·海勒生于纽约一个贫穷的俄罗斯犹太移民家庭，父亲的早逝，使得他们的生活愈加艰难。海勒十岁的时候，姐姐借给他看《伊利亚特》，这部作品让他产生了当作家的愿望。此后的海勒通过兼职，完成了高中学业，随后加入了美国空军，并参加了二战。

退役后，海勒先后在南加州大学和纽约大学学习，获得艺术学士学位，并由此开始了短篇小说的创作。1950 年，得到硕士学位的海勒靠奖学金在牛津大学进行了一年的进修。进修完成后，海勒在宾夕法尼亚大学教授了两年的写作课程。

回到纽约后，海勒担任《时代》和《展望》等杂志的广告撰稿人。在此期间，海勒根据他的二战经历而开始着手创作《第十八条军规》，经过三年的创作，该书以《第二十二条军规》为名得以出版。虽然小说出版后没有得到什么反响，但却标志着海勒正式开始了写作生涯。当美国国内的反越战浪潮愈加激烈时，《第二十二条军规》以校园为基础，迅速蔓延到全国的各个阶层，成为畅销书。1963 年，海勒获得美国文学艺术院金奖。

1970 年，《第二十二条军规》拍摄成电影，七年后，海勒成为美国文学艺术院院士。

1999 年，海勒在纽约东汉普顿的家中因心脏病病逝。

海勒的作品特点

作品颠覆了传统小说的创作手法，没有一条完整的发展线索，也没有主人公，虽然显得混乱而荒诞，但不乏严肃性，直指社会问题的要害。本质上，作品属于激进的抗议小说。

海勒的代表作

《第二十二条军规》

故事聚焦在二战期间美国的飞行大队上。在那里，每个人为了自己的利益和职务的晋升，或用部下的生命做赌注，或通过疯狂训练，让自己的队伍在检阅中取得好成绩，或为了钱财而投机倒把，甚至与敌人私通。

满怀正义之心的尤索林便在这个飞行大队中服役。在作战中，他英勇无畏，立下战功。但随着时间的深入，他发现了这个大队里各色人物的自私自利，这里显然成了一个名利场，这让他十分失望。看着周围的战友一批批去世，他渴望退伍回家，不做无谓的牺牲。根据第二十二条军规，只有疯子可以不参战，但必须由本人申请，但从逻辑上来讲，一旦提出申请，就证明不是疯子。尤索林通过各种尝试试图利用这条军规，却发现这条军规根本就是个骗局，谁都无法免于参战。最终走投无路的约塞连只好选择了逃离。

小说以美国军队作为美国社会的缩影，影射了肮脏、贪婪和堕落的社会现象。海勒的讽刺锋芒在这部作品中显露无遗，他也凭借这部作品成为美国“黑色幽默”的代表作家。

苏俄文学代表作家

背景简介

西方现代社会思想的流入，对苏联文学产生了重大的影响。苏联进入了以高尔基等作家为代表的“白银时代”，众多文学流派并存，相互竞争。作家开始注意让文学与其他人文学科相融合，在作品中更多地关注现实生活，而社会主义则是最重要的创作主题。

77. 普希金 （1799—1837）

1799年6月6日，亚历山大·塞尔盖耶维奇·普希金出生于莫斯科一个衰落的贵族家庭中，但家中仍保留着浓烈的贵族习惯，家中拥有大量的藏书，与之交往的也不乏名流之士。在普希金童年时，父母便为他请了来自法国的家庭教师，对他进行贵族式的教育。

普希金在接受贵族教育的同时，还从家中保姆那里听来了许多民间故事和传说。这使他接受知识的范围非常广泛。而他在童年时期，每年夏天到村庄度假的经历，也给了他接受大自然的机会。这一切都为他的文学创作打好了基础，尤其对他早期的诗歌创作有很大的影响。

当普希金在位于皇村的帝国学院就学时，他的文学创作生涯开始了。如今，这个学院被称为普希金学院。普希金在年仅十四岁的时候，便发表了他的第一首抒情诗《致娜塔丽娅》。

普希金在十六岁时便创作了震惊俄罗斯文坛的《皇村的回忆》和《致诗友》。凭借这两首诗，当时身为学生的普希金被圣彼得堡的一个先进的文学协会阿尔扎马斯接收为会员。上学期间，普希金接触到了法国启蒙思想，并在其影响下，初步形成了反对沙皇专制，追求自由的思想。在取得成功的第二年，普希金创作方向转向了哀歌。

毕业后，普希金任彼得堡外交协会秘书。同时，普希金对戏剧产生了兴趣，并加入了具有反对沙皇性质的文学和剧作团体“绿灯”。其间，普希金创作了一些反对农奴制、嘲讽当局和倡导自由的诗作，这些作品引起了当局的不安。当局决定将其流放到西伯利亚，在一些有权势的朋友的努力下，他才没有被流放。但普希金依然被调离了圣彼得堡，来到了克里米亚。不久，普希金出版了童话叙事长诗《鲁斯兰和柳德米拉》。

1823 年，普希金开始着手长诗《叶甫盖尼·奥涅金》的创作，但不久便被沙皇当局幽禁在家乡普斯科夫省他父母的家中。幽禁期间，普希金仍坚持创作，并进行了大量的阅读，这使得他的文学底蕴更加深厚，创作风格上开始偏向现实主义，并完成了俄罗斯文学史上第一部现实主义悲剧作品《鲍里斯·戈都诺夫》。

在经过两年的幽禁后，沙皇尼古拉接见并允许普希金回到圣彼得堡，但同时他的创作和生活都受到了严密的监视，沙皇要亲自审查普希金创作的作品。

普希金经过长时间的求婚，终于获得了娜塔丽娅·冈察洛娃的同意。作为结婚礼物，父亲将位于下诺夫哥罗德的波尔金诺庄园赠送给了普希金。当普希金前去接收礼物时，那里却爆发了瘟疫，致使普希金在庄园里滞留了三个月。在这三个月里，普希金潜心创作，创作并完成了《叶甫盖尼·奥涅金》《别尔金小说集》和四部诗体小说《石客》《吝啬的骑士》《莫扎特与沙莱里》《瘟疫流行的宴会》，以及近三十首抒情诗。在文学史上，这段时光被称为“波尔金诺的秋天”。

其中，《叶甫盖尼·奥涅金》创造了俄国文学历史上第一个“多余的人”的形象，《别尔金小说集》中的《驿站长》则开启了塑造“小人物”的先河，普希金的现实主义创作炉火纯青。

1831年，普希金终于与当时圣彼得堡最漂亮的女人，被誉为“圣彼得堡的天鹅”的娜塔丽娅·冈察罗娃成婚。娜塔丽娅家庭背景显赫，普希金也因此得以进入上流社会，甚至可以进入沙皇的宫廷。五年后，普希金创办了文学杂志《现代人》，别林斯基、车尔尼雪夫斯基等著名作家在该杂志担任编辑，这份杂志培养了大量的优秀作家。

婚后，普希金在事业上一帆风顺，但在感情上并不顺利，承担着沉重的精神压力。其间，娜塔丽娅结识了法国流亡保皇党人士丹特士，两个人常常一起共舞。丹特士疯狂地爱上了娜塔丽娅，并向普希金挑衅，嘲笑他是乌龟。

普希金为了名誉，一怒之下决定与丹特士进行决斗。1837年2月8日，普希金在与丹特士决斗时中了圈套，腹部受了重伤，两天后去世。随后，普希金被葬于圣山修道院的墓地中。

普希金的作品特点

诗歌从现实中汲取灵感，反映历史和现实事件，具有进步和战斗精神。爱情和友谊则是诗歌中另一个主题。作品情绪激昂，情感真诚，语言简洁、准确、新颖。行文优美，结构精巧，充满浪漫氛围和戏剧性，同时也对现实进行了深刻的讽刺。作品勇于探索新的结构，具有超前性。

普希金的代表作

《叶普盖尼·奥涅金》

厌倦了上流社会的奥涅金，来到乡间居住，并在那里得到了少女达吉亚娜的爱情。不过，奥涅金并没有将她的爱情看在眼里。此后，因为一次决斗，奥涅金杀死了自己的好朋友，事后懊悔的奥涅金离开了乡村。在几年的波折后，奥涅金回到了莫斯科，并在上流社会中遇到已成为贵妇人的达吉亚娜。奥涅金对她疯狂追求，但却遭到了拒绝。

小说塑造了典型的俄国贵族知识分子的形象。他们生活富裕，受过贵族式的教育，因此他们有着崇高的理想，看到了社会的阴暗面，为此，他们反对专制和农奴制度，不愿与权势之人同流合污。但他们缺乏行动，远离人民，无力改变现状。这些知识分子被称为“多余人”。

《上尉的女儿》

在一场暴风雪中，贵族青年军官格利涅夫偶遇了农民起义领袖普加乔夫，于是送了一件兔皮袄给普加乔夫御寒。此后，格利涅夫前往白山当了一名军官，并与司令的女儿玛丽娅相爱。而青年军官施伐布林也爱着玛丽娅。为此，两个人进行了决斗，因为发生了一点意外，格利涅夫在决斗中受重伤。在格利涅夫昏迷的时间里，玛丽娅一直照顾着他，两个人的感情进一步加深。但格利涅夫的父母却反对他们在一起。玛丽娅认为得不到祝福的感情，终不会幸福，因此不得不躲避格利涅夫。不久，普加乔夫带领农民起义占领了白山，军官大部分被绞死，施伐布林投降，格利涅夫因为救过普加乔夫而被赦免。

此后，普加乔夫带领部队离开了白山，施伐布林成为了司令，而格利涅夫则回到了沙皇军队。此后，玛丽娅给格利涅夫写了一封信，原来施伐布林要挟她嫁给他，否则就要把她交给起义军，揭发她的身份。为了救出玛丽娅，格利涅夫前往白山，途中再次被普加乔夫逮捕。当普加乔夫得知真相后，释放了玛莎。

之后，普加乔夫的军队被打败，施伐布林被俘后揭发了格利涅夫与普加乔夫的关系，因此，格利涅夫被流放。后玛丽娅以司令女儿的身份与女皇见面，告诉了她事情的前后，最终女皇释放了格利涅夫，允许他们成婚，而普加乔夫则被判了绞刑。

小说对18世纪普加乔夫领导的农民起义表示同情，是俄国文学史上首部反映农民斗争的现实主义作品，果戈理称其为“俄罗斯最优秀的一部叙事作品”。

78. 果戈理 （1809—1852）

1809年4月1日，尼古拉·瓦西里耶维奇·果戈理出生于乌克兰波尔塔瓦附近的索罗庆采村的一个地主家庭。他的父亲是当地有名望的乡绅，做过公职，当过地主，还是一名诗人和喜剧作家，并不时在日常聚会中出演自己编的喜剧。父亲的影响，加之在农村听到的民间传说和民谣，使果戈理从小便对戏剧和文学产生了爱好。母亲是一名虔诚的东正教徒，在母亲的影响下，果戈理也成了一名东正教徒。

果戈理在中学就读时，便博览群书，并受普希金和法国启蒙时期作品的影响极深，立志做一名诗人。中学毕业后，果戈理来到彼得堡，想在司法界谋求一个职位，直到1829年，才在国有财产及公共房产局和封地局供职。这期间，果戈理体验到了底层人民的困苦，目睹了官场的腐败，并以此经历创作了《外套》和《狂人日记》。

工作和创作之外，果戈理在美术学院学习了绘画，并将绘画中的感悟融入到作品《涅瓦大街》和《肖像》中。在此期间，果戈理发表了长诗《汉斯·丘赫尔加坚》，但并没有引起注意。他意识到自己在诗歌创作上没有什么天赋，于是转向了小说和喜剧。

短篇小说《狄康卡近乡夜话》的发表，让果戈理一举成名，并以这篇短篇小说为名，出版了短篇小说集。普希金和别林斯基给予这部小说集非常高的评价，认为俄国文学进入了果戈理时代。之后，普希金与果戈理成了朋友。

此后，果戈理进入圣彼得堡大学，担任历史系副教授，屠格涅夫曾为他的学生。仅仅在大学里工作了一年，果戈理便辞去了工作，专心进行创作，并接连出版了两部喜剧剧本和两部短篇小说集。这四部作品在当时广受好评。此后，果戈理根据普希金提供的素材，开始构思长篇小说《死魂灵》，而果戈理的五幕喜剧《钦差大臣》也是根据普希金谈到的一个荒唐的见闻而创作的。从这部戏开始，果戈理将创作的重心放在了对现实阴暗面的揭发和讽刺上。《钦差大臣》在彼得堡公演后，果戈理受到了反动文人和当局的攻击，为此，果戈理颇受打击，患上了严重的胃病。为此，果戈理离开了俄国，先后居住在意大利和德国，侨居期间，他完成了《死魂灵》的大部分内容。

当果戈理将写好的《死魂灵》第一部带回俄国国内时，却没有通过莫斯科书刊审查机构的检查，无法出版。为此，果戈理找到别林斯基，在别林斯基的帮助下，该书稿在彼得堡通过了审查，得到了出版。《死魂灵》的出版引起了巨大轰动，其影响远超《钦差大臣》，被认为是“自然派”的奠基石。此后，果戈理陷入了无休止的争论当中，生活也颇为窘困，他的创作激情在应付这些困难中逐渐丧失，并患上了忧郁症。为了摆脱精神上的压力，果戈理将希望寄托在东正教上。大主教告诉他，他以往的作品触犯了天主，是一种罪过。对此，果戈理十分懊恼，以致出版了《与友人书简选》。在这部作品中一改往日的观念，对当局和他曾抨击过的人物作了检讨，甚至进行了歌颂。这一行为，引起了很多原本支持他的人的不满。

在巨大的压力下，果戈理构思和创作了《死魂灵》的第二部，他一再修改、重写，但始终不满意，于是临终前把全部手稿付之一炬。1852 年，果戈理因病去世。《死魂灵》的第二部只剩一些残稿流传于世。

果戈理的作品特点

作品擅长刻画细节，无论是人物还是环境，都描绘得逼真生动。作品华丽而充满大胆的想象，题材不追求新奇，而是以充满感情的笔触，如实反映了社会发展的复杂进程和人的内心变化，对现实社会的弊端进行了幽默而辛辣的讽刺。在对社会的黑暗面进行揭露、抨击的同时，也表现了对贫苦大众的深切同情。同时，作品也有妥协的一面，为了缓解当局的不满，掺入了一些幻想，以避免具有攻击当局的嫌疑。

果戈理的代表作

《钦差大臣》

剧本写了一个落魄的花花公子赫列斯达可夫在路过某城时，被一帮贪官污吏当成微服私访的钦差大臣，得到贪官们的各种贿赂和奉承，赫列斯达可夫对市长的女儿也动了心思。为了能攀上关系，市长欣然同意将女儿嫁给他。但赫列斯达可夫怕在婚礼现场被揭发是假的钦差大臣，还是逃之夭夭了。在逃跑时，他留下了一封信，对那些对他百般奉承的人进行了嘲弄。

小说全面批判了俄国社会中的丑恶，揭示了沙皇时期统治的黑暗腐朽。

《死魂灵》

19 世纪三四十年代的俄国，农奴并无人身自由，主人将他们当作商品，任意买卖。买到农奴后，主人需要在国家户口花名册上登记，该花名册十年修改一次，十年内无论名册上的农奴是死是活，主人都要为他们纳税。

在新的人口登记之前，乞乞科夫想趁机买进一千个死魂灵，并将这一千个名额以每个魂灵两百卢布的价格抵押给救济局，以此赚钱。但这个计划最终遭到败露，乞乞科夫落荒而逃。

通过这个荒诞的故事，果戈理对当时俄国的农奴制度进行了无情地抨击，并描绘了一个个生动逼真的贪官污吏的形象，对当局和统治阶级进行了揭露和鞭挞。

79. 屠格涅夫 （1818—1883）

1818 年 11 月 9 日，伊凡·谢尔盖耶维奇·屠格涅夫出生于俄国奥廖尔省奥廖尔一个世袭贵族之家，父亲是一个骑兵团团长。1833 年起，屠格涅夫先后进入莫斯科大学、圣彼得堡大学、柏林大学，攻读了语言文学、哲学、古典语言文学，并最终获得哲学硕士学位。在此期间，他的反农奴制思想和现实主义文学观形成了。

1843年，屠格涅夫和李根共同发表叙事长诗《帕拉莎》，受到了别林斯基的好评，两人因此建立了深厚友谊。同年，屠格涅夫还与法国女歌唱家波丽娜·维亚尔多结下了终生的友谊。四年后，在别林斯基的影响下，屠格涅夫开始在进步杂志《现代人》上发表文章。1851年，屠格涅夫将在杂志上发表的文章整理成集，即为著名的《猎人笔记》。这部作品使屠格涅夫成为文坛耀眼的明星，同时，也给屠格涅夫带来了隐患。该作品因为具有反对奴隶制的倾向，触怒了当局。

因为屠格涅夫不顾当局的禁令，为去世的果戈理撰写了悼文，当局借机拘捕了他，并将其放逐。在放逐期间，屠格涅夫完成了著名的反农奴制的中篇小说《木木》。一年后，屠格涅夫刑满而回，文学界在彼得堡为他举行了欢迎仪式。由于他的思想受到当时进步思潮的影响，他对当时欧洲各国的革命运动都抱有深深的同情态度，为此，他的母亲十分反对，母子间的矛盾日益尖锐，以致他毅然拒绝了母亲经济上对他的援助。他在生活极其困难的情况下创作了剧本《贵族长的早餐》《单身汉》《村中一月》等。在中后期，他完成了《罗亭》(1856)、《贵族之家》(1859)、《前夜》(1860)、《父与子》(1862)。

屠格涅夫晚年基本上都侨居在国外。在异国他乡，他结识了不少欧洲著名的文艺家，在和他们的交往过程中，他把俄罗斯文学艺术方面的优秀品质传播出去。

在屠格涅夫人生的最后几年里，他仍创作了大量的作品，并于1877年完成了他的最后一部长篇小说《处女地》。

1883年，屠格涅夫在巴黎病逝。根据屠格涅夫的遗嘱，他的遗体被运回俄国，葬于彼得堡的沃尔科夫墓地，别林斯基的墓旁。

屠格涅夫的作品特点

作品真实记录了经历时代变革时俄国的情况，毫不含糊地抒发了作者对于这场变革的感情倾向。作品擅长对人物进行心理分析，使得人物饱满生动，而对大自然的描写也充满了诗情画意。

屠格涅夫的代表作

《父与子》

小说集中表现了保守的自由主义贵族巴威尔和激进的年轻一代知识分子巴札罗夫之间的冲突。平民出身的医科大学生巴札罗夫大学毕业后到贵族出身的同学阿尔卡狄·基尔沙洛夫家小住。巴札罗夫与宣扬贵族自由主义观点的阿尔卡狄的伯父进行了一场辩论，辩论获胜后即同阿尔卡狄到富孀奥津左娃家做客。巴札罗夫对奥津左娃产生了爱情，但遭到拒绝。不久两个年轻人回到基尔沙诺夫的庄园，巴札罗夫埋头于生物研究工作。但巴威尔对巴札罗夫仍恨之入骨，伺机挑起了一场决斗。巴威尔受了轻伤，巴札罗夫次日回到父母家中，后来在为伤寒病死者解剖尸体时不慎割伤手指，受感染而死。

小说塑造了阶级观点对立的两代人之间的矛盾和冲突，反映了两个时代在观念上本质的不同，凸显了旧传统、旧观念需要改革的必要性。作品同时也批判了当时的知识分子虽然形成了新的观念，也知道了革命的必然，却没有行动的现象。

80. 陀思妥耶夫斯基（1821—1881）

1821年11月11日，费奥多尔·米哈依洛维奇·陀思妥耶夫斯基出生于莫斯科的一个医生家庭。父亲工作的医院地处偏远，与犯人公墓、精神病院和孤儿院比邻。为了让陀思妥耶夫斯基远离这些阴暗的地方，父母都竭力不让他去父亲工作的地方，但是陀思妥耶夫斯基对此并不在意，仍时常去医院散步。在那里，陀思妥耶夫斯基见到了各种不幸的情况，并因此在幼小的心灵中培养了怜悯的一面。

九岁时，陀思妥耶夫斯基的癫痫病第一次发作，此后，这个疾病伴随了他的一生，对其生活影响之大，以致他许多作品中的主人公都患有此病。

在彼得堡军事工程学校学习期间，陀思妥耶夫斯基广泛阅读了文学经典，培养了对文学的爱好。陀思妥耶夫斯基在大学毕业后获得准尉军衔，并调至彼得堡工程兵团工程局绘图处工作。但陀思妥耶夫斯基只在那里工作了一年，便辞去了工作，翻译并出版了《欧也妮·葛朗台》，从此，陀思妥耶夫斯基开始了他的写作生涯。

1846年，陀思妥耶夫斯基发表处女作《穷人》，受到诗人涅克拉索夫和著名批评家别林斯基的高度评价，陀思妥耶夫斯基也因此一举成名。但此后他创作的两部小说却并没有获得大众和文学家的认可。次年，陀思妥耶夫斯基完成了小说《女房东》，该小说被别林斯基攻击得体无完肤，由于观念上的分歧，陀思妥耶夫斯基与别林斯基渐渐疏远。同年，陀思妥耶夫斯基开始对空想社会主义感兴趣，参加了进步知识分子革命组织——彼得拉谢夫斯基小组。陀思妥耶夫斯基在一次小组聚会上宣读了别林斯基“给果戈理的一封信”，因为信中充满了反对当局与正教教会的狂妄言论，他和该小组其他成员一起被捕，12月被判处死刑，直到在行刑的前一刻才改判成了流放西伯利亚。

在西伯利亚，陀思妥耶夫斯基在监狱中遇到了各种犯人，从他们那里对社会有了更加全面的了解，这使他的思想发生了巨大的改变。在西伯利亚度过了四年的流放生涯后，陀思妥耶夫斯基被要求必须在西伯利亚服役。服役期间，他结识了玛丽亚·伊萨耶夫，两人于三年后成婚。这期间，陀思妥耶夫斯基对人生有了全新的思考，他认为能够拯救这个社会的只有宗教，于是开始信仰宗教。这一点在《罪与罚》中有所体现。

1858年，陀思妥耶夫斯基升为少尉，并于两年后重返圣彼得堡。回到圣彼得堡后，陀思妥耶夫斯基以自己的观点为基准，与哥哥共同创办了《时间》杂志。同时，陀思妥耶夫斯基发表了第一部长篇《被侮辱与被损害的》。在这部作品中陀思妥耶夫斯基在早期作品的基础上，加入了对宗教和哲学的思考，被认为是他前期作品向后期作品的过渡品。

以他在西伯利亚服役时的经历为题材，陀思妥耶夫斯基创作了自传体小说《死屋手记》。这部作品重新确立了陀思妥耶夫斯基在文坛上的地位。此后，陀思妥耶夫斯基前往西欧治病。经过一年的治疗后，归来的陀思妥耶夫斯基发表了著名的随笔《冬天里的夏日印象》。《时间》杂志因为刊登了一篇激进的文章而被查封，但陀思妥耶夫斯基创办杂志的脚步并未停止，他与哥哥立刻筹办了另一本杂志《时代》。

在《时代》的创刊号上，陀思妥耶夫斯基发表了被认为是他今后著作引言的中篇小说《地下室手记》。同年，陀思妥耶夫斯基的妻子和哥哥相继病逝。陀思妥耶夫斯基承担起哥哥一家的生活，这使得他的生活也陷入了拮据。为了改善生活，陀思妥耶夫斯基开始赌博，这一选择让他的生活愈加贫困，甚至欠下了不少债务。落魄的陀思妥耶夫斯基为此不得不逃到欧洲去避债。为了还债，正在创作《罪与罚》的陀思妥耶夫斯基答应出版社在半年内写出一部长篇小说，条件是出版社给他预付款。

1866年，陀思妥耶夫斯基的代表作《罪与罚》出版，这部作品为他赢得了世界性的赞誉。而另一部长篇离交稿只剩一个月了还没有写，情急之下，朋友为他介绍了还在速记学校上学的安娜。两个人合作默契，在规定时间内完成了《赌徒》。《赌徒》的出版，象征着陀思妥耶夫斯基与安娜两人之间的爱情修成了正果。陀思妥耶夫斯基与安娜的婚姻结束了他长期颠簸飘荡的日子。陀思妥耶夫斯基在安娜的陪伴和鼓励下，专心写作，完成了两部著作《白痴》和《群魔》。其中，《群魔》具有一定的异端思想，一经出版便引起了争论。1873年，陀思妥耶夫斯基创办期刊《作家日记》，反响热烈。七年后，陀思妥耶夫斯基发表了他最后一部长篇小说，也是他后期最重要的作品《卡拉马佐夫兄弟》。

1881年，陀思妥耶夫斯基着手准备《卡拉马佐夫兄弟》的第二部。2月9日，陀思妥耶夫斯基在创作时，笔筒不慎落地，滚到了柜子底下，他在搬动柜子时，因用力过大而导致血管破裂。当天，陀思妥耶夫斯基在安娜的诵经中去世，他被葬于圣彼得堡。

陀思妥耶夫斯基的作品特点

早期作品关注穷苦人民的生活状态，表达了对他们的怜悯和同情。而后期作品则更多包含了宗教和哲学上的思考，以人性和人的出路为主题，主要探讨了人的善与恶，探讨了在这个堕落的世界中如何寻求自赎。

作品节奏紧凑，悬念迭起，通过人物之间复杂的关系，不断地制造矛盾和冲突，并在这个过程中，将世间复杂的方面一一展现，为悲剧性的结尾做了厚重而深刻的铺垫。作品将生活的残酷一一快速呈现，没有一丝浪漫的成分。主人公在这些残酷的情况下，疲于应付，最终被逼至崩溃和死亡的边缘。在这种无可避免的悲剧下，读者可以深深地体会主人公的痛苦、无助和绝望。

作品尤其擅长描述疯狂、反常，甚至病态的心理，塑造在心理上具有一定问题的主人公。在叙述中，通过对话来表现人物的心理活动，展现了主人公心灵上的多面性。随着故事的展开，主人公心中所充斥的善与恶的辩证关系在读者面前一一呈现。除此之外，在创作中还运用了象征和意识流等创作手法。

陀思妥耶夫斯基的代表作

《罪与罚》

上大学的拉斯柯尼科夫因为生活贫困而辍学，靠着母亲和妹妹的资助才勉强维持生存。为了得到钱来缓解日益加重的贫困情况，拉斯柯尼科夫将高利贷老板娘和她妹妹杀害。

同时，拉斯柯尼科夫对妓女索尼娅一家则倾囊相助，当他得知妹妹为了他而嫁给一个虚伪的知识分子时，他愤怒地将此事搅黄。杀人后的拉斯柯尼科夫虽然认为这是做了一件好事，也相信自己杀的是该死之人，但良心使他陷入了道德谴责的旋涡之中，善与恶、罪与罚在心灵深处几经交战，最终他在索尼娅的感化下投案自首。

小说在扣人心弦的紧张情节下，将社会上的各种人物、各种思想，和俄国资本主义社会初期所面临的各种社会道德问题融为一体，对人类的自我救赎和自由的含义进行了深刻的讨论，同时，也抨击了西方文明自私自利的本质。

81. 托尔斯泰 （1828—1910）

1828年9月9日，列夫·尼古拉耶维奇·托尔斯泰生于图拉省晓金区的一个贵族庄园。托尔斯泰的父亲是个伯爵，母亲是公爵的女儿，因此，托尔斯泰从小便受到了贵族的教育。不幸的是，托尔斯泰的父母先后去世，使他九岁就成了孤儿，由他的姑妈将他抚养长大。母亲去世后，博利尔纳的庄园作为遗产由托尔斯泰继承。

此后，托尔斯泰考入喀山大学东方语言系，后转入法律系，但托尔斯泰始终无法专心学习，于三年后退学回到博利尔纳的庄园。虽然学业无所成，但在上学期间，托尔斯泰喜欢上了哲学和文学，卢梭成为他的偶像。在庄园的日子里，托尔斯泰企图帮助农民改善生活，但是双方地位和背景相差悬殊，农民并不相信他会帮助他们，最终托尔斯泰的计划失败了。此后，托尔斯泰也尝试过从政，但在短暂的从政经历中，他始终都处于政界的边缘，这使他颇为郁闷。郁郁不得志的托尔斯泰借赌博打发时光，最终欠下数额巨大的赌债。

1851年4月底，托尔斯泰前往高加索地带服兵役。在这期间，托尔斯泰对自己的过去进行了梳理，并开始尝试写作。此后，托尔斯泰先后转战至多瑙河和塞瓦斯托波尔。残酷的战事并没有妨碍托尔斯泰的创作，他在《现代人》杂志上接连发表了《童年》《少年》和《塞瓦斯托波尔故事》等小说，其中《塞瓦斯托波尔故事》是托尔斯泰根据他的战争经历写就的。这一系列作品让托尔斯泰在文坛崭露头角，并得到了屠格涅夫和涅克拉索夫的好评。在彼得堡，托尔斯泰在那里结识了屠格涅夫等文坛名人。但是，托尔斯泰放荡不羁的生活很快招致了屠格涅夫等人的厌恶，也因此先后与屠格涅夫和车尔尼雪夫斯基交恶，断绝了来往。不顺心的托尔斯泰回到庄园，再次试图解放农民，但仍得不到农民的理解和赞同，他的方案再次宣告失败。

托尔斯泰退役后周游欧洲列国。这次游历使他加深了对西方国家的认识，开拓了文学创作的视野，同时，也使他清晰地意识到俄国的落后。回国后，他为了从根本上改变俄国落后的社会意识，暂时放弃了文学创作，进而学习西方的教育制度，在家乡创办了专为农民子弟服务的学校。

托尔斯泰的学校因为对教育的革新和对西方思想的宣传，而受到当局的注意，同时，因托尔斯泰经常为农民辩护，使得他站在了贵族农奴主的对立面，当局和贵族对其怀恨在心。当局趁托尔斯泰外出时，在他的家中进行了大搜查。托尔斯泰意识到问题的严重性，不得不关闭了学校。之后，托尔斯泰与沙皇御医年仅十七岁的女儿结婚，但两人的教育、观念、文化水平差距过大，为婚姻的不幸埋下了伏笔。

婚后，妻子专心管理生活上的事物，托尔斯泰因此过上了安稳幸福的生活。在平静的生活中，他将全部的精力和时间都投入到了创作中。但当托尔斯泰将他年轻时的日记交给妻子保管时，这一切的幸福甜蜜终结了。在日记中，托尔斯泰记录了他放荡不羁的过去，其中嫖娼、感染性病和育有一名私生子的事对妻子的打击巨大。为此，妻子在家中哭闹，甚至卧轨、服毒。托尔斯泰对此十分厌恶。

1868 年起，托尔斯泰开始研究哲学和宗教，在此期间对叔本华的哲学深感兴趣。但这些研究和探索仍不能解答他对人生意义的疑惑，因此托尔斯泰产生了厌世的情绪，常有自杀的冲动。为了避免自己一时糊涂，他将家中的猎枪和绳子都藏了起来。这期间的思想，在《安娜·卡列尼娜》中有鲜明的印记。

经过长期的探索和折磨，在革命形势和全国性大饥荒的情况下，托尔斯泰的思想观念有了巨大的转变。他认识到了土地私有制、国家制度和教会对俄国社会的危害，并对此进行了激烈的抨击。但托尔斯泰将改革的希望寄托于基督教和世俗伦理，并提出反对暴力革命的“勿抗恶”观点。

为了照顾子女，托尔斯泰随求学的子女迁居至莫斯科。在那里，托尔斯泰探访底层人民，对他们的生活有了深入的体会和了解。

1891年，托尔斯泰声明放弃1881年后他的作品的版权。此后，托尔斯泰积极投入到公益活动中，对灾区难民和受到迫害的教徒进行资助。

1904年，俄国和日本为了扩张土地，在中国的东北展开了日俄战争。托尔斯泰撰文表示反对。次年，俄国国内迎来革命，但革命失败，当局对革命者进行了杀害，托尔斯泰对此强烈反对，并发表了《我不能沉默》。

晚年的托尔斯泰想要放弃财产去过一种简朴的生活，但他的妻子完全不能接受，两人之间的矛盾越来越多，婚姻状况每况愈下。

1910年10月28日，托尔斯泰离家出走，但在途中不幸患上肺炎，病情迅速恶化。得到消息后，全国各地的记者和他的家人都赶到了托尔斯泰身边，但托尔斯泰至死都不想见妻子一面。同年11月20日，托尔斯泰在阿斯塔波沃火车站逝世。遵照遗言，托尔斯泰被葬于亚斯纳亚·博利尔纳的森林中，坟上没有树立墓碑和十字架。

托尔斯泰的作品特点

小说善于以多线索叙述，使内容复杂厚重，细节翔实。此外，融合历史事件和艺术虚构，塑造出众多各具特色的人物，加之宏大的场面，勾画出鸿篇史诗。

小说截取生活和历史的片段，故事无明显的起始，也没有明确的结尾。对人物的心理活动和心理变化的过程进行了精细的描写，人物的优点和缺点都如实地展现出来，这使得这些人物更加真实，让人对这些人物具有认同感和亲近感。

托尔斯泰的代表作

《安娜·卡列尼娜》

前往莫斯科为哥哥和嫂子调节矛盾的安娜，在车站上遇到了爱着嫂子妹妹凯蒂的渥伦斯基。凯蒂为了渥伦斯基拒绝了康斯坦丁的求爱，而渥伦斯基却因在车站的见面而爱上了安娜。

安娜对哥哥和嫂子劝慰了一番，便尽快返回到彼得堡去了。而渥伦斯基并没有放弃，一路追到彼得堡。安娜的丈夫卡列宁身为官场人士，不懂得风花雪月，安娜被渥伦斯基的行为感动，心有所动。当卡列宁知道安娜与渥伦斯基的事后，为了面子而选择维持婚姻。经过一番波折，渥伦斯基带着安娜离开了彼得堡，进行了三个月的旅游。当他们回来后，他们的事被众人知道了，两个人都面临着巨大的压力。在这种压力下，渥伦斯基抛弃了安娜，而安娜则选择了卧轨自杀。

小说揭示了妇女在俄国社会中处在不平等的地位，描写了个人感情与社会道德之间的冲突，塑造了敢于追求爱情的妇女的形象。

《复活》

在作为陪审员参加一次审判的时候，聂赫留朵夫发现被诬告杀人的妓女正是他曾诱骗过的少女玛丝洛娃。十年前的一幕幕便由此展现：聂赫留朵夫在上大学期间爱上了姑妈家的养女玛丝洛娃，在占有了玛丝洛娃之后，聂赫留朵夫便抛弃了她。玛丝洛娃因此而堕落。聂赫留朵夫因此而心神不宁，其他法官、陪审员也心不在焉，结果错判了玛丝洛娃流放西伯利亚服苦役。聂赫留朵夫搞清楚他们失职的后果后，决心设法补救。

在此后的一次赴宴中，聂赫留朵夫看到了上流人物的种种粗鄙和卑劣，因此而感到厌恶，提前离开。回家后，聂赫留朵夫反思了自己的人生，意识到自己的生活也是堕落腐败的，因此，他第二天就搬出了现住的大房子。

聂赫留朵夫到监狱探望玛丝洛娃，表示要赎罪，甚至要和她结婚，但她拒绝了。虽然聂赫留朵夫尽力帮玛丝洛娃翻案，但他的努力毫无结果。最后，聂赫留朵夫选择陪玛丝洛娃一同去西伯利亚。在路上，玛丝洛娃原谅了聂赫留朵夫，但为了聂赫留朵夫好，她嫁给了尊重并体贴她的西蒙松。

小说对旧制度进行了无情的抨击，也揭露了官场中的种种黑暗。男女主人公在经历了一番波折后，在精神和道德上都得到了复活。

82. 契诃夫（1860—1904）

1860年1月29日，安东·巴甫洛维奇·契诃夫生于亚速海沿岸塔干罗格城一个小商人家庭。契诃夫的祖父曾是农奴，后来成功赎身。母亲是虔诚的东正教徒，契诃夫在母亲的影响下具有了悲天悯人的性格。后来，因为父亲的杂货铺破产，一家人前往莫斯科谋生，契诃夫为了学习法语，而没有随行。为了生计，契诃夫在业余时间做起了家教。直到考入莫斯科大学医学系，并取得奖学金后，契诃夫才来到莫斯科与家人团聚。

契诃夫在二十岁时发表了他的处女作，短篇小说《给博学的邻居的一封信》，这部作品让他小有名气。因这篇小说，契诃夫与著名风景画家列维坦结识，并成为至交。自此，契诃夫开始了文学创作，并以此来承担大学期间的生活费用。大学毕业后，契诃夫成为了一名医生。在给平民看病期间，契诃夫对生活有了深入的了解和认识，并创作了《变色龙》《外科手术》等名篇，并出版了他的第一部小说集《梅尔波美娜的故事》。此后，契诃夫接连发表了多篇佳作，并开始尝试剧本创作。

1886年，契诃夫第一部喜剧剧本《论烟草的危害》被搬上了舞台。同年，在德米特里·瓦西里耶维奇·格里果罗维奇的鼓励下，契诃夫决定以严肃的态度对待写作，并逐渐写出了一系列具有深刻思想的佳作，在这一年里，他创作了一百多篇短篇小说。此后，契诃夫在乌克兰旅行，进行了短暂的修整，归来后，迎来了他的又一个创作高峰。

在接下来的一年里，契诃夫发表了多篇短篇佳作和两部戏剧，并出版了小说集《在黄昏》，并把这部集子献给了德米特里·瓦西里耶维奇·格里果罗维奇。次年，以中篇小说《草原》的发表为标志，契诃夫结束了他幽默小说的创作。凭借这部作品，契诃夫获得了俄国科学院颁发的“普希金奖金”。此后，契诃夫创作了三部戏剧，加入了由奥斯特洛夫斯基创办的剧作家协会。

契诃夫长途跋涉考察了库页岛和西伯利亚的政治犯流放地，那里惨烈的情景给契诃夫留下了强烈的感触。契诃夫对社会的黑暗有了清醒的认识，也因此将作品的创作转向了揭露沙皇专制下的黑幕。

从流放地归来后，契诃夫创作了中篇小说《决斗》，这篇作品挑战了托尔斯泰的“勿抗恶”的观点。接着，契诃夫的创作重心转向了戏剧创作。此后，契诃夫根据在库页岛上的经历，创作了中篇小说《第六病室》。这部作品继《决斗》之后，再一次向托尔斯泰“勿抗恶”的观点进行了抨击。此后，他出游意大利和巴黎。

因为在照顾病人时不幸感染了肺结核，契诃夫于1893年到尼斯去休养。1896年，契诃夫创作的喜剧《海鸥》在彼得堡皇家剧院首演，但这部作品恶评如潮，这让契诃夫心灰意冷，一度放弃了剧本创作。

两年后，契诃夫加盟莫斯科艺术剧院。在那里，契诃夫结识了高尔基等文坛名人，他们一起研究创作舞台艺术，并进行了大胆的改革。其间，契诃夫帮助斯坦尼斯拉夫斯基，使他的戏剧理论成型。当《海鸥》在莫斯科艺术剧院再次上演，一扫两年前的颓势，获得了巨大的成功。为此，莫斯科艺术剧院将海鸥作为了院徽，以示纪念。此后，契诃夫与苏沃林前往西欧旅行。因为契诃夫支持左拉在德雷福斯案件里的正义行动，但苏沃林却与其意见相反，两个人的关系因此而疏远。

1900年，契诃夫当选为俄国皇家科学院名誉院士，并于次年与在《海鸥》中扮演女主人公的克尼碧尔在雅尔塔结婚。为抗议俄国皇家科学院无理撤销高尔基名誉院士称号的决定，他与科罗连柯发表声明一起放弃在1900年获得的名誉院士称号。

1904年1月17日，契诃夫生前最后一部戏剧作品《樱桃园》在莫斯科艺术剧院首演，受到群众的广泛欢迎。5月，契诃夫出现了哮喘，病情持续了一个月，并没有好转的迹象，甚至出现了心力衰竭的情况，契诃夫不得不前往德国黑森林进行温泉疗养。7月15日，契诃夫因医治无效在德国病逝，遗体葬于莫斯科。克尼碧尔为其守寡一生。

契诃夫的作品特点

作品早期关注底层人民的生活，晚期则将重点转移至小资产阶级分子在俄国大革命前夕，对现状的忧虑和对美好未来的期盼。作品以人物为中心，以人物不同性格、不同背景下所形成的矛盾带动情节的发展，同时也将社会问题展现在读者面前。作品里充满平凡琐碎的情节，营造出契诃夫独有的具有抒情意味的叙事风格。语言凝练简洁，节奏紧凑，讽刺文章华美而犀利。有时为了加强作品的戏剧性，契诃夫也在作品中加入了对穷困人民善意的嘲笑。

契诃夫的代表作

《变色龙》

一只小狗咬了金银匠的手指，巡官则根据众人对小狗主人身份的猜测而不断变换着对金银匠和小狗的态度。从最开始要弄死狗，到最后因为确定狗是将军哥哥家的狗后，巡官夸奖狗好。通过这一系列态度的转变，表现出了当时官场和社会的黑暗。

《套中人》

别里科夫晴天带雨伞，用衣领挡住脸，当他看到政府压制人民的法令时，便嚷嚷着："千万别出乱子啊！"虽然他只是一个中学教师，但他却能够影响全城人，所有人在他落后的思想管束下都活得很压抑。小说通过对别里科夫的描写，讽刺了沙皇政府扼杀一切生机的制度。

83. 高尔基 （1868—1936）

1868年3月28日，马克西姆·高尔基出生于下诺夫哥罗德的一个贫苦的家庭，原名阿历克赛·马克西莫维奇·彼什科夫。高尔基的父亲是一个木匠，在他年幼的时候便去世了。父亲去世后，高尔基寄宿在外祖父家里。在

那里，高尔基见识了外祖父的凶悍和两个舅舅为了争夺家产而反目的情形。高尔基以这些经历为题材，创作了《童年》。

在外祖父家里，高尔基并没有得到爱和关怀，他十岁的时候便开始赚钱。他捡过垃圾，做过邮递员、各种杂工、面包店的学徒，之后也当过铁路职工和律师事务所里的杂工。高尔基以这些经历，创作了《在人间》。

此后，高尔基成功地进入喀山地区的大学进行学习。在那里，高尔基在图书馆里自学了欧美古典文学、哲学和自然科学等方面的知识，并接触到了革命运动。但高尔基的出身、经历和性格使他在大学里交不到什么朋友，为此，高尔基十分孤独，并于1887年自杀过一次。虽然自杀未遂，但高尔基因为这事患上了肺结核。高尔基以这些经历为基础，创作了《我的大学》。

此后，高尔基创作了一首诗，却被一个诗人痛批。深受打击的高尔基放弃了文学创作一段时间，徒步穿越了俄罗斯、乌克兰，直达第比利斯。在那里，高尔基结识了一些革命者和大学生，在他们的鼓励下，他重拾文学创作。

1892年9月12日，高尔基在当地报纸《高加索日报》上发表了他的处女作，短篇小说《马卡尔·楚德拉》，并使用了马克西姆·高尔基（意为“最大的痛苦”）作为笔名。此后高尔基在萨马拉的一个报社当了一名记者，并正式开始了文学创作。三年后，高尔基以出版的《依则吉尔的老婆子》和《鹰之歌》两部著作，奠定了他的作家地位。1898年，高尔基出版的《特写与短篇小说集》受到读者的喜爱，并使他名扬国外。

在圣彼得堡学生示威活动受到血腥镇压后，高尔基创作了《海燕》，这篇作品在革命聚会上广为传诵。在接下来的两年里，高尔基分别创作了反映社会矛盾的《小市民》和《底层》，受到了贫困人民的热爱和支持。高尔基的一系列行为惹恼了当局，但因为高尔基得到了广大人民的支持，当局政府不敢轻易迫害高尔基。最终，当局还是将他流放到克里米亚，在那里，高尔基受到了朋友和敬仰者的隆重欢迎。

此后，俄罗斯科学院决定接受高尔基为名誉院士。当沙皇尼古拉二世得知此事后，对这一决定进行了否决。为此，以契诃夫为代表的众多知名院士对沙皇提出了抗议。后来，高尔基又因为对沙皇警察血腥镇压平民示威提出抗议，而再次被关押。但沙皇政府迫于外国传媒舆论的压力，很快将高尔基释放。

二月革命后，俄罗斯的政治气氛有所缓和，高尔基投身到对革命的宣传上，创办了《新生命》杂志，列宁则成为该杂志的总编，两人因此结识。此后，政治气氛再次紧张，高尔基被迫离开俄罗斯来到法国。

高尔基反对西方国家向俄罗斯贷款，当他得知西方国家决定向俄罗斯提供贷款后，写了一篇侮辱性的小文章《美丽的法国》。此后，高尔基来到美国，企图为共产党筹款，但当局以他与女随从的不正当关系来诬陷他，使他的计划泡汤。

随着剧本《敌人》和长篇小说《母亲》的出版，高尔基的创作达到了新的高峰。其中，《母亲》成为社会主义文学的奠基作品，列宁给了这部小说很高的评价。高尔基和列宁在一年后于意大利的卡普里岛见面。在那里，他们一起创办了宣传革命、培养革命力量的学校，并通过书信的形式与国内人民进行交流。在此期间，高尔基写了一篇将基督教和马克思主义结合起来的文章《忏悔》。列宁认为高尔基偏离了马克思主义思想，为此，两个人之间产生了矛盾。

1913 年，罗曼诺夫王朝为庆祝其掌权三百周年而特赦天下，高尔基因此得以重返俄罗斯。当列宁筹划十月革命时，高尔基认为时机不成熟，群众力量还需要培养，为此，两个人之间再次有了冲突。十月革命后，高尔基为了防止科学和文学在这次革命中衰落，立刻组织了一个协会来对科学和文学进行维护。同时，高尔基还创办了报纸来反对列宁的《真理报》和列宁宣传的一些主张。列宁于是禁止了高尔基创办的报纸的发行，并“劝告”高尔基到外国疗养院去治疗肺结核。三年后，列宁下令解散委员会。高尔基对此十分失望，在给列宁写了一封告别信后，离开了俄罗斯，前往柏林。1924 年，高尔基来到索伦托。在索伦托的三年里，高尔基创作了两部长篇小说和《回忆列宁》，并在文中称列宁是其最爱戴的人。

1927年10月22日，苏联科学院授予高尔基无产阶级作家称号。次年，高尔基回国，受到了全国人民的欢迎。回国后，高尔基被授予列宁勋章，成为苏联共产党中央委员会成员。同年，在高尔基六十岁生日的时候，苏联全国对此进行了庆祝，许多单位以他命名，他的诞生地被改名为高尔基市。1934年，高尔基主持召开了苏联作家第一次代表大会，并当选为作家协会主席。

1936年6月18日，高尔基因肺炎病逝。

高尔基的作品特点

大都以他的生活经历为基础进行创作，对贫苦大众进行了生动传神的描写。作品并不回避生活中的阴暗面，坚信人类看到阴暗面后会进行改善，传递出一种乐观精神。

高尔基的代表作

《童年》

失去了父亲的阿廖沙随着母亲来到外祖父家中居住。在那里，阿廖沙的两个舅舅为了分家并吞噬他母亲的嫁妆而不断的争吵。而外祖父的情况也不好，脾气极为暴躁。受不了这种氛围的母亲，最终抛下他，独自离开了。在这压抑的气氛中，阿廖沙从善良的外祖母和老工人那里得到了快乐和温暖，学会了热爱生活。

此后，母亲虽然回来了，但因为她心情不好，时常发脾气，使得阿廖沙深感失望，并开始独处。独处的过程中，他学会了思考，从而变得坚强。因为外祖父的破产、母亲的再嫁，阿廖沙的生活更加艰难。在母亲去世后，他离开了学堂，也告别了童年，进入了“人间”。

该小说是高尔基自传体三部曲中的第一部，小说从阿廖沙三岁时随母亲到外祖父家寄住，一直写到十岁时去社会上混饭吃为止。通过阿廖沙的悲惨经历，展现了俄罗斯贫穷人民的生活状况。

同时，阿廖沙在这悲惨恶劣的环境中，仍遇到了一些善良的好人。这些好人的存在，让人们认识到，在这个肮脏的世界里，只要心存善念，保持乐观的精神，人类仍可以拥有健康、正直的心灵。

84. 奥斯特洛夫斯基（1904—1936）

1904年9月29日，尼古拉·阿列克赛耶维奇·奥斯特洛夫斯基出生在乌克兰维里亚村的一个贫农家中。因为战乱，一家人的生活陷入困境，奥斯特洛夫斯基在十岁时便告别了学校，当起了童工。此后，奥斯特洛夫斯基加入共青团，并参加了国内战争。1921年，奥斯特洛夫斯基参与到修建铁路的工作中，因为工作环境恶劣，并有土匪的搅扰，工地上的人生命遭到威胁，奥斯特洛夫也未能幸免。在工程即将竣工的时候，他病倒在了工地上，被送回了老家。经过一段时间的调整，奥斯特洛夫斯基来到工厂里工作。在那里，奥斯特洛夫斯基边劳动，边学习技术，但由于身体没有完全康复，在这繁重的工作压力下，他的身体状况每况愈下。

在一次从冰冷的河水中抢救木材的时候，奥斯特洛夫斯基再次病倒，经过医疗鉴定，奥斯特洛夫斯基被鉴定为一等残疾。但奥斯特洛夫斯基并没有因此退缩，而是瞒着众人回到了工作岗位。此后，凭借着这股敬业精神，他先后当过团区委书记、全民军训营政委、地区团委委员、团省委候补委员，直至加入共产党，并一度担任团省委书记。

1927年，奥斯特洛夫斯基的病情极度恶化，但他仍以坚强的毅力与病魔作斗争。同时，奥斯特洛夫斯基还随红军上前线征战，并以此为题材，创作了一篇中篇小说。奥斯特洛夫斯基将这部小说寄给他的朋友和战友传阅，得到一致称赞，不幸的是，小说手稿在一次邮寄中丢失。次年，奥斯特洛夫斯基在战争中腹部和头部受了重伤，致使他的视力严重下降。出院后，奥斯特洛夫斯基转业到地方工作。这次的战伤加上之前的疾病，击垮了奥斯特洛夫斯基的身体，致使奥斯特洛夫斯基在转业一年后全身瘫痪，双目失明。

休养期间，奥斯特洛夫斯基和妻子搬到莫斯科，同年秋天，他开始着手创作《钢铁是怎样炼成的》。党组织知道他的情况后，为了协助他的创作，特意为他配备了秘书和打字员。1932 年 5 月，《钢铁是怎样炼成的》开始在《青年近卫军》杂志上连载。小说的单行本在两年后出版发行，受到了广泛的称赞。国内的一些名人和作家纷纷写信向奥斯特洛夫斯基表示敬意。列宁的弟妹还特意前去看望奥斯特洛夫斯基。奥斯特洛夫斯基凭借着这部作品成为了苏联作家协会会员。1934 年，《钢铁是怎样炼成的》第二部问世。1935 年底，苏联政府授予奥斯特洛夫斯基列宁勋章。

1936 年 12 月 14 日，奥斯特洛夫斯基校订完长篇小说《暴风雨所诞生的》，12 月 22 日，奥斯特洛夫斯基的病情迅速恶化，在莫斯科逝世，遗体葬于莫斯科的新圣女公墓。

奥斯特洛夫斯基的作品特点

作品基本是从其生平经历中摄取材料，他的文笔优美，对人物刻画得非常精准、细致，人物形象生动。

奥斯特洛夫斯基的代表作

《钢铁是怎样炼成的》

保尔·柯察金出身贫苦，全家遭受着残酷的剥削压迫，他早早退了学，进入到了社会中。在动荡的社会情况下，保尔加入了红军，并成为了最勇敢的士兵，但在一次战斗中，他的眼睛受伤，不得不离开前线，此后又因为阶级问题，而与自己的爱人分手。但保尔并没有气馁，投入到铁路建设中，因为他不怕苦的精神，再次成为工地上的英雄。但此后，保尔深受肺病和眼疾的折磨，以致最终全身瘫痪，双目失明。虽然保尔也曾绝望过，但他还是挺了过来，并开始了文学创作。

这是一部自传体小说。小说描写了一个遭遇病魔和种种困难，仍不放弃，坚持战斗，追求胜利和社会主义理想的革命战士。表现了苏联第一代共青团团员为理想而不畏艰难的精神。

85. 肖洛霍夫 （1905—1984）

1905 年 5 月 24 日，米哈依尔·亚历山大罗维奇·肖洛霍夫出生在顿河维申斯卡亚镇附近的一个哥萨克农庄。肖洛霍夫从小便爱好文学，因为国内战争的原因，他只上过四年学，但他看过大量的文艺报刊和书籍，而顿河哥地区的生活也为他今后的创作提供了大量生活素材。

在为顿河地区的苏维埃政权服务了两年后，肖洛霍夫于 1922 年来到莫斯科，加入了“青年近卫军”，并于次年发表了第一篇小品文。自此，肖洛霍夫开始了他的写作生涯。通过一年的创作，肖洛霍夫于 1924 年加入了俄罗斯无产阶级作家协会。一年后，肖洛霍夫与妻子回到顿河，出版了小说集《顿河故事》和《浅蓝的原野》，这两部作品使他受到文坛的关注。此后，肖洛霍夫加入了苏维埃共产党，帮助过难民和政治上受到迫害的人，在斯大林的帮助下，才躲过了迫害。随着长篇小说《被开垦的处女地》的出版，肖洛霍夫的国际声誉渐渐建立。

1940 年，肖洛霍夫完成了耗时十四年的《静静的顿河》，此书一经出版便受到了极大的欢迎。成名的肖洛霍夫积极参与到卫国战争中，并以此为经历写了很多通讯、特写和短篇小说。而他创作的短篇小说《一个人的命运》则成为当代苏联军事文学新浪潮的开篇之作。斯大林死后的时间里，肖洛霍夫获得了诸多荣誉，也曾做过多次报告，虽然因为观念的不同，而招致了很多作家的指责，但这丝毫不影响他在群众中的地位。

1965 年，诺贝尔文学奖组委会因肖洛霍夫“在描写俄国人民生活各历史阶段的顿河史诗中所表现出来的艺术力量和正直品格”，授予其诺贝尔文学奖。

1984 年 2 月 21 日，肖洛霍夫在他的出生地去世。

肖洛霍夫的作品特点

作品一反当时塑造“高、大、全”式主人公的文学弊病，而从“人”的角度重新审视了革命，还原了革命本来的面目。作品取材于真实生活，敢于描写生活中的矛盾与冲突。

肖洛霍夫的代表作

《静静的顿河》

哥萨克青年葛利高里虽然与富农之女娜塔莉亚结了婚，但仍迷恋邻居的妻子阿克西妮亚。为此，葛利高里不惜与父亲发生冲突，并带着阿克西妮亚私奔。第一次世界大战爆发后葛利高里应征入伍，这期间阿克西妮亚又与别人发生了关系，葛利高里退役后得知此事，一怒之下回到了家中。葛利高里在家中过了一段平静的生活，妻子为他生下了一对孪生姐妹后，他再次参与到了战斗中。之后，再次回到家中的他，又参与了叛军，自此，顿河陷入了长时间的血雨腥风之中。

战后，葛利高里与阿克西妮亚再次陷入爱河，怀孕的娜塔莉娅悲愤地要去堕胎，却最终丧命。为了摆脱被追捕的叛军生活，葛利高里决定带着阿克西妮亚再次私奔，但在此过程中，阿克西妮亚被击毙。葛利高里辗转各地，最终失去了活下去的希望而回到了顿河。此时，家中的亲人都已去世，只有儿子与他为伴。

这部小说篇幅宏大，人物众多，通过葛利高里悲剧性的人生道路，既描写了苏维埃政权在顿河地区从建立到巩固的历史进程，又描写了葛利高里一家由盛而衰的过程，全面展示了第一次世界大战到苏联国内战争结束的风云变幻，是一部史诗性作品。

德国
文学代表作家

背景简介

德国文学始于以口头形式相传的古日耳曼时期。在经过了骑士文学、史诗时代、松散的民间故事时代后，德国文学随着17世纪的启蒙运动进入了现代文学时期。

伴随着1789年的法国大革命，德国文学也开始向古典文学过渡。在此期间，歌德和席勒脱离了这些文学潮流，超越了当时的文学水平，为德国文学作出了巨大的贡献。随着歌德的去世，德国文学陷入沉寂期，甚至出现了以媚俗文学为“伟大”作品的时期。

随着资本主义的高度发展，一切进入商业化时代。作家则坚持认为自己的作品为艺术，而不是为一般人所接受的商品，于是有了“为艺术而艺术”的文学潮流。与此同时，以托马斯·曼为代表的现实主义文学也得到了发展。此后的德国陷入战争和希特勒的黑暗统治时期。此时，以托马斯·曼为代表的作家创作出了众多反法西斯的优秀作品，文学创作进入了辉煌时期，德国文学也形成了各种文学流派，呈现出一片百花齐放的状态。而托马斯·曼则因其思想和作品内容的深刻而达到了另一个文学的高峰。

主要作家

86. 歌德 （1749—1832）

1749年8月28日，约翰·沃尔夫冈·歌德出生于法兰克福镇的一个富裕的市民家庭，父亲是帝国议会的成员，母亲是市长的女儿。童年时，在父亲和家庭教师的教育下，歌德学习了骑术和击剑，并对文学产生了兴趣，常常到法国剧院看戏。

在莱比锡大学学习期间，歌德参加了作家盖勒特写作风格练习。他还在学校中认识了莱比锡市长的儿子伯恩。而莱比锡市最著名的、拥有第二长历史的饭店则给歌德留下了深刻的印象。在那里，歌德听到了浮士德的故事，并以此为材料，创作了戏剧。

此后，歌德因为一次大咯血而不得不中断学业，回到法兰克福的家中养病。养病期间，歌德从母亲那里受到了虔信主义的观点。经过两年的调养后，歌德来到斯特拉斯堡大学，并完成了法律专业的学业。

毕业后，歌德在韦茨拉尔的帝国最高法院进行了短暂的实习。实习期间，歌德与伯恩住在一起，并与夏绿蒂·布夫陷入了恋爱，但最终这场爱恋以失败告终。几个月后，歌德在韦茨拉尔的好友耶路撒冷自杀，这件事让歌德颇受打击。为此，歌德想写点什么纪念他的大学时光。最终，他将自己与夏绿蒂·布夫的恋情和耶路撒冷的命运融为一体，于1774年创作了《少年维特之烦恼》。这部耗时四个星期的作品，为歌德赢得了巨大的声誉。

1775年11月，歌德接受卡尔·奥古斯都公爵的邀请来到了魏玛，并在魏玛的朝廷中做官，官至内阁大臣。为了行政工作，他不得不在许多方面对外妥协，一度对政务厌倦，埋头自然科学研究。1786年9月，他不堪忍受令人窒息的环境，改名换姓，来到了意大利。

在意大利期间，歌德受到意大利古罗马和古希腊文化的影响，对诗歌和艺术有了更为深入的研究，并专心研究自然科学，从事绘画和文学创作，陆续完成了早已开始的一些作品，写出了《伊菲格尼亚在陶里斯》和《埃格蒙特》等作品，以及《托夸多·塔索》《浮士德》的部分章节。歌德在《意大利游记》中描述了他的意大利之旅。

结束意大利之旅的歌德，回到魏玛并担任剧院监督，并与克里斯蒂安娜·福尔皮乌斯同居，生有一子。但幸福生活并没有持续多久，严重的椎间盘突出和多根胸椎变形致使歌德行动困难，身体变得僵硬。

歌德与席勒有过两次坦率的交谈，而他们对创作、文学理论，以及德国的文学现状的见解惊人的一致。两个人也因此结下了深厚的友谊，并在一起合作，为德国文学创作了累累佳作。他们的友谊一直延续到1805年席勒去世。

歌德在五十七岁时和克里斯蒂安娜·福尔皮乌斯终成眷属。同年，拿破仑一世在埃尔福特召开诸侯大会时，接见了歌德，并授予其荣誉军团勋章。贝多芬也是歌德众多的崇拜者之一，为此贝多芬为歌德的《埃格蒙特》谱了一首曲，并给歌德写了一封信。歌德回信鼓励贝多芬在魏玛上演该曲，并坚信这首曲子会取得成功。通信一年后，歌德接见了贝多芬，并对其印象极好。但贝多芬对歌德的过于留意礼节而没有坦诚交流有些不满。

1817年，歌德以其多年来对自然科学的研究，开始写作《我的植物学研究的历史》，并创办了《谈自然科学，特别是形态学》杂志。

1832年3月22日，在创作完《浮士德》第二部后不久，歌德因病离开了人世。随后，歌德被葬于诸侯墓地。

歌德的作品特点

作品将历史材料加入了艺术想象，进行了重新整理，使得戏剧作品可以超越舞台限制，情节更为生动。在诗歌方面，作品把颂诗的结构和民歌的形式融合成一种新的抒情诗体。

歌德的代表作

《少年维特之烦恼》

自认为是艺术家的维特，在一次舞会上认识了已经定过婚的绿蒂，两个人因为艺术而相爱，一起度过了一段美好的时光。在绿蒂的未婚夫阿尔贝特回来时，维特意识到将要面对棘手的局面，而离开了城市。当维特再次回到城里时，绿蒂已经结婚了。绿蒂拒绝了维特的再次追求，绝望的维特选择了自杀。

小说记录了处在德国“狂飙突进”的时代下，知识分子为了追求美好生活，而不得不做出的一些叛离现实标准的行为。他们虽然叛逆，但是他们的行为却是对腐朽的社会最直接的控诉。

《浮士德》

浮士德不满现实状况，积极探索，渴求各种知识。魔鬼靡非斯特因与上帝打赌他可以将浮士德引向堕落，而来到人间。此时，一无所成的浮士德正在“追求知识”和“过回平凡生活”两者的矛盾中做着选择。

靡非斯特变作书生与浮士德签了一个约定：靡非斯特作为浮士德的仆人，满足他的一切理想，作为回报，浮士德将在来生做靡非斯特的仆人。不相信来生的浮士德欣然答应。在靡非斯特的帮助下，浮士德得到了美人玛甘泪的爱情。为了一次约会，玛甘泪因为给母亲添加的安眠药过度，而误杀了母亲。玛甘泪的哥哥华伦亭为此向浮士德发出挑战，而在靡非斯特的唆使和帮助下，浮士德不仅接受了挑战，还杀死了华伦亭。玛甘泪承受不了如此巨大的打击而晕厥在地。浮士德却与靡非斯特参加晚会去了。后玛甘泪被捕入狱。浮士德想要救玛甘泪出狱，但玛甘泪自认有罪，没有服从，靡非斯特带领着浮士德离开了监狱。

此后，靡非斯特带着浮士德来到了一个皇宫内，在那里，浮士德在靡非斯特的帮助下，解决了皇帝面临的财政问题，还帮助皇帝见到了古希腊的美人海伦和美男子帕里斯。而浮士德也爱上了海伦。为了与海伦在一起，浮士德来到古希腊，两个人走到了一起，并有了一个儿子。可他们爱飞翔的儿子不幸坠地身亡，悲痛的海伦无法接受这个现实而离开了浮士德。

浮士德再次见到国王，并帮助他平息内乱，作为奖励，国王赠予他一片海滩。浮士德渴望在那里建造一个理想的乐园。可海滩上不愿离开的两个老人，却被靡非斯特再三强迫，最终被吓死。这让浮士德陷入了忧愁。

忧愁妖女趁机来攻击浮士德，使他失明的同时，还招来亡灵为浮士德挖坟。失明的浮士德却以为挖坟的声音是人们在建设他理想的乐园，而在欢喜中去世。在靡非斯特要夺取浮士德的灵魂的时候，天使及时赶来，救走了浮士德的灵魂，将他带往天堂。

作品用巨大的篇幅，庞杂的内容，众多的人物和深刻的象征，将现实与想象融为一体，对人生的真理和资产阶级进步思想，进行了深入的探索，具有丰富的哲学含义，成为文学史上的里程碑。

87. 席勒 （1759—1805）

1759 年 11 月 10 日，约翰·克里斯托弗·弗利德里希·席勒出生于德国符腾堡的小城马尔巴赫一个的贫穷市民家庭。1773 年席勒被欧伊根公爵强制选入他所创办的军事学校。因为军事学校是为公爵培养奴仆的地方，所以那里管束极严，只能接受严格的军事教育，毫无自由可言。

其间，席勒在一位教师的影响下，阅读了古今中外的众多经典作品。这些作品深深地影响了席勒，使遭到压制的他形成了反专制的思想。同时，席勒也对文学产生了兴趣，并于 1776 年开始陆续在杂志上发表了一些抒情诗，并开始创作《强盗》。

六年后，当《强盗》在曼海姆剧院进行公演时，引起了巨大的反响，有些评论家甚至认为席勒就是德国的莎士比亚。同年，席勒完成了悲剧《阴谋与爱情》，并因其出色的能力，被聘为曼海姆剧院的编剧。但席勒的功成名就令欧伊根公爵十分不满，将他关了两个星期的禁闭。释放后，席勒逃出了斯图亚特。

席勒被克尔纳等四名仰慕者邀请到莱比锡。在那里，席勒在萦绕着友情的氛围下，度过了一个温馨的夏天。为此，席勒创作了《欢乐颂》。秋天时，席勒随朋友一起迁往德累斯顿，并在那里完成了《堂·卡罗斯》。

1787年，席勒任耶拿大学历史教授。在任教期间，席勒对历史、美学和康德哲学进行了深入的研究。当法国大革命爆发时，席勒将美学和社会变革问题完美结合，出版了论著《论人的审美教育》，以此表达他对资产阶级革命的抵触情绪。同时，席勒也在寻求另一种可以使德国统一、人民解放的道理。

在歌德的鼓励下，席勒重新开始了文学创作，同年，两个人共同创作了上千首诗歌，并联合创办了文学杂志和魏玛歌剧院。此后，席勒接连创作了《华伦斯坦》《玛丽亚·斯图亚特》《奥尔良的姑娘》《威廉·退尔》等名剧。

1805年5月，席勒不幸逝世。而歌德死后，根据他的遗言，他被安葬在席勒的遗体旁。

席勒的作品特点

作品以历史题材为主，文风雄壮，善于描绘宏大的社会变革。作品形象生动，充满激情，同时也含有深刻的哲思。

席勒的代表作

《阴谋与爱情》

宰相的儿子斐迪南与平民音乐教师米勒的女儿露伊斯相爱。但这份爱情遭到了宰相和米勒的反对。尽管如此，斐迪南和露伊斯仍不放弃彼此。而露伊斯的情敌伍尔牧则帮助宰相，让斐迪南另娶英国贵妇米尔福特夫人。米尔福特夫人虽然也爱斐迪南，但最终被斐迪南和露伊斯的爱情打动，放弃了这门婚事，离开了德国。

伍尔牧再次献计，逼迫露伊斯写下一份不忠的情书。当斐迪南知道此事后，痛苦万分，逼露伊斯自杀。露伊斯服毒而死，死前告诉了斐迪南关于情书的真相。斐迪南懊悔不已，也服毒自杀，并指责了赶来的宰相和伍尔牧的阴毒。宰相急忙将责任推给伍尔牧，而伍尔牧则揭发了宰相一系列不光彩的行为。

这部作品反映了德国市民阶级和封建统治阶级的矛盾。通过简洁的语言进行讽刺，直接质问了德国社会严格的等级制度。此剧揭露上层统治阶级的腐败生活与宫廷中尔虞我诈的行径。并通过女主人公之口，提出了反对封建制度，追求自由、平等的思想。

88. 海涅 （1797—1856）

1797 年 12 月 13 日，亨利希·海涅出生于杜塞尔多夫的一个布商家中。上中学时期，海涅在晚期启蒙运动思想的影响下写出了他的第一批诗歌。虽然家中有经商的传统，但海涅对财务方面的事情始终没有兴趣。因为与家中传统格格不入，在叔叔的资助下，海涅上了大学。

1819 年至 1823 年，海涅先后在波恩大学和柏林大学学习法律和哲学。在此期间海涅发表了不少诗歌，并有机会见到歌德，但因为紧张，而表现糟糕。1824 年海涅进入哥廷哈根大学。1825 年，获得法学博士学位。因为一直没有找到合适的工作，海涅开始了创作生涯。

创作了两年后，海涅出版了诗集《歌集》，这部诗集因为浪漫和民歌风情而打动了一代又一代的人。海涅也凭此部诗集享誉文坛。此后，海涅放弃了令他成功的浪漫主义风格，甚至用讽刺性的手段来破坏它，为此，海涅自称为“逃跑的浪漫主义者”。1824 年至 1828 年间，海涅前往意大利和英国等地旅游，并创作了《哈尔茨山游记》《观念——勒·格朗特文集》《英国片段》等四部散文旅行札记。这一段时间持续的高水准的创作，让海涅的才华在欧洲得到承认，他也因此名声日隆。

海涅因为他的政治观点而在国内受到攻击，1832 年被流放至巴黎。在歌德和席勒的出版商的帮助下，海涅在巴黎找到了一份工作，并为报刊专栏供稿，有了稳定的收入。1833年，海涅发表了著名的论著《论浪漫派》，剖析德国浪漫派文学运动的主要特征。同年，海涅患病，病状愈加严重，以致最终瘫倒在病榻上。这期间，他与乔治·桑、肖邦等当时法国的著名文化人士见过面。在病榻上，海涅仍努力工作，著有《论路德维希·别尔内》等重要作品。

1843年，海涅结婚后两年，带着妻子回到德国。在回国的途中，看到德国如冬天一般的统治，海涅有感而发创作了他的政治讽刺诗《德国——一个冬天的童话》。在德国期间，他结识了卡尔·马克思。在与马克思的交流中，海涅成为了第一批关注工业革命下工人阶级的困苦的作家，并根据织工起义，创作了诗《西里西亚纺织工人》。这首诗发表在《前进报》上，因为影响甚广，而遭到了德国政府的禁令。1846年，恩格斯将这首诗翻译成英语在《新道德世界报》上发表。

在最有希望的民主革命被镇压后，心灰意冷的海涅写下了《在1849年十月》一诗。在病榻上的日子里，海涅通过自己口述，秘书记录的方式创造诗歌和文章。在这种情况下，海涅分别于1851年和1854年出版了《罗曼采罗》和《卢台齐亚》。

1856年2月17日，海涅因病去世，随后被葬于法国的蒙马特的墓地。

海涅的作品特点

诗歌样式多种多样，具有其独特的语言风格。一反之前诗歌的忧郁、凄切、哀叹自身命运的风格，转向对社会事件的描述。不再是个人情绪的发泄，而是对时代和大众的关切，充满了革命的豪情。晚期作品，因为作者受到病痛的折磨，开始弥漫彷徨和哀婉的情绪，但整体仍散发出乐观的精神。

海涅的代表作

《德国——一个冬天的童话》

在这首讽刺诗中，诗人记述了回国过程中，在路上见到的弹唱的姑娘，普鲁士税收人员愚蠢的动作，象征着“精神的巴士底狱”的科隆大教堂，诗人嘲讽教堂终将成为马圈。离开科隆后，诗人在汉堡遇到了资产阶级庸俗社会现实的守护女神莫尼亚。莫尼亚告诉诗人德国已经得到了巨大的进步，同时预言德国的未来。但当诗人拿开她的坐垫时，却被一股臭气熏晕。当他醒来后，在莫尼亚的要求下，两个人举办了婚礼，社会上的政要都出席了婚礼，却最终被书包检察官搅乱——他拿着一把剪刀刺向诗人……

诗歌指出了社会的虚伪和落后，抨击了当时德国死板的统治。同时，也抒发了“新的一代正在成长”的希望。

89. 托马斯·曼（1875—1955）

1875年6月6日，托马斯·曼出生于德国北部卢卑克的一个商人家庭中，良好的家庭氛围让他度过了一个愉快的童年。年少的托马斯·曼除了文学，对其他课程并不感兴趣，并在很小的时候便立志要成为一名作家。

托马斯·曼上完中学便没有继续学业了。在监护人的安排下，托马斯·曼进入了一个火灾保险公司。工作期间，他开始偷偷地进行文学创作，并于同年发表了短篇小说《堕落》，这篇作品受到了广泛好评。此后，托马斯·曼进行了两年的大学教育后便开始了专业的创作生涯。在创作了几篇中篇小说后，托马斯·曼开始了长篇小说《布登勃洛克一家》的创作。其余的时间里，托马斯·曼也在一些杂志社中零散地干过一段时间。

直到26岁时，托马斯·曼才出版了他的第一部长篇小说《布登勃洛克一家》。小说一经出版立刻受到了广泛的称赞。因为小说并非虚构，都是真人真事，所以小说出版后不久便流出了一份小说中真实人物的名单，这使得小说更加畅销。

1905年2月，托马斯·曼与他苦苦追求了一年的卡提亚结婚。七年后，因为在医院照顾患有肺结核的妻子，托马斯·曼结合自己在医院中的经历和从卡提亚介绍的病人的状况，得到创作《魔山》的灵感。在十多年的创作后，《魔山》终于面世，并再次获得成功。之后，他又接连出版了《马里奥和魔术师》和《约瑟和他的兄弟们》四部曲等作品。

1929年，托马斯·曼凭借《布登勃洛克一家》一书，获得了他期盼多年的诺贝尔文学奖。次年，托马斯·曼在柏林贝多芬厅发表了载入史册的“德意志致辞”，呼吁人们恢复理智，反对得到越来越多议会席位的纳粹主义分子。但他的呼吁并没有收到效果。当国内发起焚书运动时，托马斯·曼因为在外旅行而逃过一劫，也由此开始了他的流亡生活。纳粹将托马斯·曼的房产没收，而他的护照也过期了，但为了防止被逮捕，托马斯·曼并没有回到国内。幸好，此时美国对托马斯·曼十分感兴趣，允许其不用护照也可以入境。在普林斯顿大学做客座教授的时候，托马斯·曼创作了与歌德有关的小说《洛蒂在魏玛》，该书于三年后出版。在逃亡的日子里，托马斯·曼先后拥有捷克和美国国籍。

托马斯·曼历时四年，于1947年完成了长篇小说《浮士德博士》。为了创作这部小说，托马斯·曼阅读了许多音乐方面的材料和音乐家的传记，并请当时的作曲家进行了音乐方面的指导。

二战过后，托马斯·曼曾被推举为联邦德国的总统，但他拒绝了这一提议，并以“德国人有集体罪”的观点拒绝回国。这让他与德国民众之间产生了几年的隔阂。1949年，托马斯·曼在歌德两百周年诞辰纪念活动之际开始了对德国的频繁访问。

1955年，托马斯·曼被诊断为血栓，在确诊后的一个月，托马斯·曼因动脉硬化在苏黎世病逝。

托马斯·曼的作品特点

作品情节很少是凭空想象的，大都是从现实中取材，将素材一点一滴积累起来再根据所得材料进行整合，所以缺乏一定的想象力。作品语言精准，具有独有的风格和魅力。

托马斯·曼的代表作

《布登勃洛克一家》

老约翰·布登勃洛克抓住时代变迁所带来的机遇，而大发其财，进而成为社会上层人士。到第二代小约翰继承家业时，他有了一个强有力的竞争者。他于是胁迫女儿放弃她的真爱，嫁给“富商”格仑利希，以便增强他们家的竞争力。但格仑利希是个买空卖空的投机家，很快身败名裂，安冬妮离婚后回到娘家。小约翰因为商业竞争激烈，时局动荡，再加上在女儿婚事上又失算，处境非常艰难。但他并没有想办法去适应新的环境，而是遵循以往的做法，只做好眼前的事。到第三代托马斯继承家业时，竞争已经白热化。托马斯先是与花店姑娘安娜陷入了热恋中，但为了“门当户对”，他放弃了安娜；而他的儿子生性懦弱，根本无法适应这种残酷的竞争环境，最终去世；更让他绝望的是，战争、投机行为的盛行让他的事业遭遇了重击，最终不得不变卖家产。随着托马斯妻子的离去，布登勃洛克家族彻底崩溃。

小说通过这个家族在精神道德和经济上的没落，以小见大地展现了资本主义社会人与人之间赤裸裸的金钱关系。

日本文学代表作家

背景简介

1868年，明治政府推行资本主义现代化，从技术、制度等各个方面学习欧美，甚至直接引进。在此之前，日本曾尝试过对各个学科著作的引进和翻译，这对日本近代思想产生了积极的启蒙作用。

为防止文人对统治阶级进行抨击，政府对文学作品进行了严格的审查，致使许多作家遭受苦难。处于日本文学核心地位的通俗小说，虽然有所改进，但仍无法摆脱封建思想，不贴近生活，使得日本文学的活力日益丧失。而当时作家的地位十分卑微，甚至与娼妓并列，在这种情况下文学连自保都困难，何谈进步。所以明治维新后，在日本社会的各个方面得到了快速发展的情况下，日本的文学艺术方面仍处于滞后状态。

明治维新后，随着西方文学的引入，日本社会对文学的看法开始改变，并掀起了一股文学热潮。此后，日本作家根据对西方作品的研究和对本国文化的反思，经过一代又一代人的努力，逐渐形成了自己的美学系统，进而有了自己的文学特色。

主要作家

90. 紫式部 （约978—约1016）

紫式部出生于一个文人贵族世家，姓藤原，本名不详。受家庭影响，紫式部从小便学习汉学、佛典，精通音律。1002年，紫式部嫁给了懂得欣赏她的才华的藤原宣孝，婚后生活较为和谐。但两年后，藤原宣孝便去世了。

1005年，紫式部奉诏侍奉天皇的中宫（藤原道长之长女）藤原彰子，为其讲解《日本书纪》和白居易诗作，深得天皇和藤原彰子的赏识。在此期间，紫式部根据对皇室生活和宫廷内幕的了解，开始创作《源氏物语》。

八年的宫廷生活后，紫式部于1013年离开宫廷。

紫式部的作品特点

作品对生活中的场景、气氛有着精确的把握，并善于对此进行渲染烘托，并对当时的日本礼仪和用语都进行了详细的记录。作品中的人物性格鲜活，刻画细致生动。

紫式部的代表作

《源氏物语》

源氏是天皇宠妃的儿子，但因为后宫的阴险，源氏出生后不久母亲便去世了，为了保住源氏的命，天皇将其降为臣籍。长大后的源氏靠着不凡的相貌和出众的才华过着风流放荡的生活。因为源氏处处留情，在党派相争的过程中，他被发现与敌对党派忠臣的女人发生关系，遂被驱逐出宫，过了一段贫困的生活。后来因为辅佐朝廷，又被召了回去，过上了奢华的生活。

放浪形骸的过程中，源氏终于为自己的乱伦而感到羞愧，并且深爱的女人紫姬也在此时早逝，这给了源氏沉重的打击。源氏就此出家，并在几年后去世。

源氏的儿子夕雾为人严谨，爱上了表姐云居雁，但云居雁的父亲一心送女儿入宫，拒绝了夕雾的求婚。在外祖母的撮合下，他终于与云居雁喜结连理，此后，又与寡居的公主结合。

源氏的另一个儿子薰因为心上人早逝，而想借八亲王的私生女浮舟填补心中的空白。但浮舟却被诱奸，意识到自身的不洁后，浮舟选择了出家，虽然薰一再捎信求见，但两个人始终都没有再见面。

这部近百万字的史诗作品，横跨四代天皇七十余年的历史，涉及的人物多达四百多位。小说详尽地揭示了日本贵族的生活，是世界上最早的长篇写实小说，被誉为日本古典文学的高峰。

91. 芥川龙之介 （1892—1927）

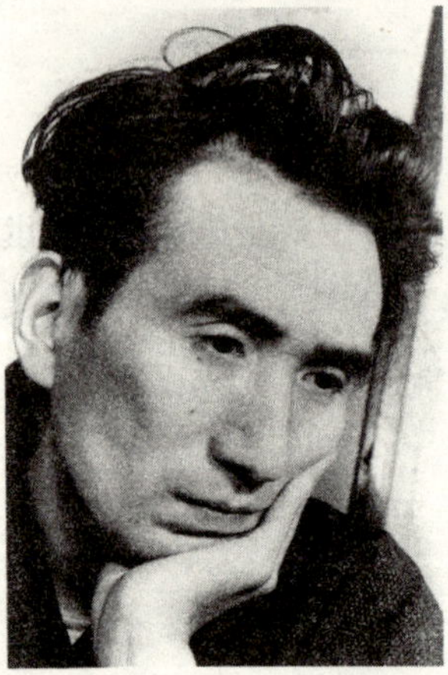

1892年3月1日，芥川龙之介生于东京，本姓新原，是一个送奶工人的儿子。母亲在生下他八个月后突然精神失常，龙之介被舅舅芥川一家收为养子，改姓为芥川。此后，芥川龙之介在与疯母相伴的十年中，没有得到一点母爱，这件事给芥川龙之介的一生投下了不可磨灭的阴影。

芥川家是武士家族，文学、演艺、美术是武士弟子必修科目。而且，养父也偏爱文艺，在这种氛围的熏陶下，芥川龙之介培养起了他的艺术素养和文学气质。

芥川龙之介自幼身体孱弱，性格懦怯，在上小学和府立中学时经常受同学欺负，养成了孤独癖。这期间的芥川龙之介唯独对小说感兴趣，并与同学组织文学社团，创办小杂志。此后，芥川龙之介以优异的成绩被保送至第一高等学校文科。上学期间芥川龙之介广泛地涉猎文学和历史书籍，十分钟爱夏目漱石、森鸥外的作品，并积极参加各种课外读书会、文学研究会，参观画展，听音乐会，培养了极高的文学素养。

芥川龙之介以全班第二的成绩毕业，顺利考入东京帝国大学英文系。大二时，芥川龙之介恋上了生父家的小保姆，但遭到养父母的反对。芥川龙之介认为养父母是出于对他的自私的爱，才反对的。他的初恋就此以失败告终。这件事给芥川龙之介带来两点强烈的影响：他认为人都是丑恶的，利己主义的，因此，他的厌世情绪愈加强烈；助长了他孤独的癖性。为回避现实，芥川龙之介沉迷于书海，企图以此来忘记自己的痛苦。

当时日本许多文学家的作品都趋于唯美、象征，使用现代主义的创作手法。这大大刺激了芥川龙之介对文学创作的热情。

在经过一年的酝酿后，芥川龙之介于1914年发表了处女作《老年》，同年还发表了《青年与死》等作品，迈出了步入文坛的第一步。

在校期间，芥川龙之介的养父和生父的事业纷纷遭遇失败，生活的重担落到了芥川龙之介的身上，他要靠预支稿费才能维持正常生活。但不久后，生活却再次给予他一次重击：姐夫家因失火而倾家荡产，背负高利贷的姐夫绝望自杀，而那笔高利贷落到了芥川龙之介的身上。沉重的生活负担，使芥川龙之介心力交瘁，患了严重的神经衰弱，不得不靠安眠药入睡，又因为过量服用安眠药而造成了幻想症，食欲缺乏，患上了胃病。

1916年，芥川龙之介发表了《芋粥》《手绢》等作品，并出版了第一部创作集《罗生门》，但并没有受到重视，他也没有想过去当一名专业的作家。大学毕业后，芥川龙之介在海军学校做了一名教员。任教期间，芥川龙之介在《新思潮》杂志发表短篇小说《鼻子》。这篇小说受到夏目漱石的赞赏，他还给芥川龙之介写了一封鼓励信。得到夏目漱石的鼓励，芥川龙之介坚定了当作家的信心。三年后，芥川龙之介辞去教职，来到每日新闻社任职，曾以大阪每日新闻视察员的身份来中国旅行四个月，先后游览上海、南京、长沙、北京等地，回国后发表《上海游记》和《江南游记》等。

芥川龙之介生活在昭和末期到大正时期的过渡期，这个时期充满了动荡，社会闭塞却又有开放的迹象。同时，身为作家，芥川龙之介对人民的苦楚和社会的丑恶有敏锐的感知能力，他曾对马克思主义抱有希望，但同时，他又不相信社会制度终将会有所改革。同时，他的家庭和人生经历也使他十分苦恼。这一系列的矛盾和苦恼，使得芥川龙之介晚年颇受折磨。

1927年，在创作随想集《侏儒的话》（未完）中，芥川龙之介的绝望而痛苦的心情表露无遗。7月24日，悲观绝望的芥川龙之介服下致命的安眠药，留下了一封遗书后，便离开了人世。

芥川龙之介的作品特点

芥川龙之介选择历史小说的形式来实现自己文艺追求的目标。作品在野史、神话、传说，乃至史诗中寻找材料，并将其想表达的观念融入历史的素材里。这一做法并非憧憬或怀念过往，而是借助历史的舞台，展现现代的事，对现实和人生进行理性的思考。

在从古典文献中挖掘艺术生命的同时，芥川龙之介还从西方的造型美术和文艺，加深对西方文学艺术的理解。作品融合了东西方对立的文艺精神和技法，并将西方文学精练的心理描写，运用到历史题材中，又保持近代文学的架构，形成了独有的文学风格。

作品结构简洁，又不失故事的完整性传统。在表现事物时，从不使用未经锤炼的语言，而是精心选择最适当的语言，以收到最佳的表现效果。同时，在选创作文体时，绝不死板，而是根据题材来进行选择，兼用古典文体与近代文体，并保持其完整性。

芥川龙之介的代表作

《罗生门》

小说讲述了在战乱时期被主人赶出家门的仆人，因为饥饿而面临着是当强盗还是就这么饿死两种选择。当他来到罗生门，这个堆放死尸的地方时，他想从这些死人身上搜一些钱财以渡过难关。此时，他看到一个老妪在拔死人的头发，虽然老妪用“都是为了生存啊”为自己辩解，但仆人仍对她感到厌恶。然而最后他也感到老妪说得有理，便抢了老妪的衣服逃走了。

芥川龙之介借用了《今昔物语》第二十九卷的艺术材料，然后运用奇特的思想表达方法，将主人公仆人前后的思想和行为，开头的憎恶老妪拔死人头发以谋生的正义感，到后来为了谋生而剥老妪衣服的恶行并列起来，在引起善恶变化的条件下观照其合理性与非合理性。

小说将现代社会的“现实场”放置在日本的历史之中，通过细致地描写仆人和老妪的心理过程，来揭示人在善与恶、美与丑的对立中所流露的不安定心绪，同时在对人的自私心既不肯定，也不否定的情况下，将矛盾的并存绝对化，达到以冷眼的旁观者观照混乱与无序的社会上的利己主义的目的。

92. 川端康成 （1899—1972）

1899 年 6 月 14 日，川端康成出生在大阪。川端康成幼年时，父母因患肺结核相继去世，川端康成由祖父母抚养，姐姐则寄宿在姨夫家里。祖父母对川端康成十分溺爱，以至他整天被关在阴湿的农舍里。但不久，祖母、姐姐、祖父又相继去世。这段经历在川端康成的心里留下了深深的阴影，使他对生命和死亡感到虚幻而又畏惧。致使他形成了孤僻、内向的性格。川端康成只有沉迷于书海，来摆脱现实的苦闷。

十七岁时，川端康成给《文章世界》写小品，并入选了该杂志投票选举的“十二秀才”。次年，川端康成考入第一高等学校，开始接触日本文坛和俄国文学。毕业后，川端康成进入东京大学国文专业，参与复刊《新思潮》(第六次) 杂志，并在该杂志上发表了短篇处女作《招魂节一景》。大学期间，川端康成除了写小说之外，更多的是写文学评论和文艺时评。在《文章俱乐部》列举的新晋作家中，川端康成名列第一。不久，他的名字第一次出现在《文艺年鉴》上，标志着他正式登上了文坛。

大学毕业后，川端康成和横光利一等青年作家发起了新感觉派文学运动，并创办了《文艺时代》杂志。但川端康成并不接受新感觉派的文学思想，不久便离开了新感觉派，寻求适合他的文学道路。

1926 年，川端康成出版了他的成名作《伊豆的舞女》。此后，川端康成又转向新心理主义，从意识流上寻找出路。为此他学习了乔伊斯的意识流和弗洛伊德的精神分析学，并于五年后，出版了日本文坛最早出现的新心理主义的作品《水晶幻想》。虽然有所成就，但在这些年的研究中，川端康成开始怀疑西方式的小说对日本人是否合适，并对此进行了新的探索，在吸收西方文学的技巧、表述方法和理念的同时也开始注意日本化。

战争期间，川端康成创作了《花的圆舞曲》《母亲的初恋》，及自传体小说。在乱世中，川端康成一心研读《源氏物语》，以忘却战争的纷扰。而对古典文学的钻研，也使川端康成将文学创作的重点转向了日本本土。

在结合西方的经验和日本化后，川端康成创作了他的巅峰之作《雪国》。此后，随着川端康成对文学理论的探索和创造力的发挥，接连创作出了获得巨大成就的作品，如《千羽鹤》《古都》等。

1957年，川端康成被选为日本艺术院会员。此后，川端康成先后荣获日本政府的文化勋章、法国政府的文化艺术勋章。1969年，因“敏锐的感受，高超的小说技巧，表现了日本人的内心精华”，诺贝尔基金会授予川端康成诺贝尔文学奖。

1972年4月16日，川端康成口含煤气管自杀死亡。

川端康成的作品特点

作品将传统文化精髓和现代意识相融合，并结合了日本的写实主义和东方精神主义。同时，在严谨而工整的文学结构中，融入了意识流的写作方式，使作品涉及的范围更广，但其文学结构也对意识流进行了限制，使之不游离于主体线索之外。作品将自然描写和人的心理分析相结合，并使两者互为表现。

川端康成的代表作

《伊豆的舞女》

小说中，出身贫苦的主人公在伊豆旅行时，与身为舞女的女主人公之间产生了一种自然而高尚的感情。两个人之间相互尊重，彼此进行了坦率的交流。舞女对主人公的体贴，让主人公感到了生活的温暖。在交往中，舞女受人歧视的悲惨生活，也赤裸裸地展现了出来。

小说通过两个人的交往，描画了一个在悲惨处境中，由于人们相互抚慰而形成的空灵美好境界。

《雪国》

主人公驹子出身悲惨，很小便沦落风尘，接触到了纸醉金迷的生活，在不幸的生活中挣扎过活。但她并没有因此而沉沦，而是对未来充满了希望和憧憬，为此她勤学技艺。在温泉旅馆时，驹子结识了从东京来的纨绔子弟岛村。在岛村身上，驹子注入了她最真挚的爱。但岛村对她则没有特殊的感情，将与她的露水姻缘当成一种买卖。而驹子的经历使她对爱的理解产生了偏颇，形成了一种病态的爱，以致在丈夫去世之时，仍不闻不顾，坚持送岛村踏上离开的火车。

小说凄美地展现了一种令人心酸的爱情悲剧，人物和场景都是具有象征意义的虚无，在朦胧中展示事件，创造出一种超越现实美的境界。

其他国家文学代表作家

主要作家

93. 但丁 （1265—1321）

1265年，但丁·阿里盖利出生在意大利的佛罗伦萨一个没落的贵族家庭，其父因家道中落，而长期经商。

但丁虽没有受过正式教育，但年少时从朋友和学者布鲁内托·拉蒂尼那里学了不少知识，从拉丁文、修辞学、古典文学到绘画、音乐，无所不通。他还精通神学和哲学，古代教父圣·奥古斯丁对其影响极为深远。

当时的佛罗伦萨政界分为两派：封建贵族组成，支持罗马帝国皇帝的基白林党；资产阶级组成，支持罗巴教皇的贵尔夫党。1293年，随着贵族政权被摧毁，基白林党也消失。贵尔夫党掌权后不久，又分裂成黑白二党，彼此斗争激烈。

但丁在青年时代就加入了贵尔夫党，参与了粉碎基白林党的战争。贵尔夫党胜利后，但丁被选为佛罗伦萨的行政官。贵尔夫党分裂后，但丁加入了白党，反对教皇干涉佛罗伦萨内政。1302年，黑党在教皇卜尼法八世和法国军队的支持下控制了佛罗伦萨，并宣布以“非法赢利”和“反对宗教”罪判但丁终身流放，一旦但丁入城，则格杀勿论。因此，但丁开始了一生的逃亡生涯。

在逃亡过程中，但丁有一次机会能够重回佛罗伦萨。当时，刚当选为神圣罗马帝国皇帝的卢森堡的亨利七世，预备入侵佛罗伦萨。但丁得知这个消息后，为了能够回到佛罗伦萨，写信给亨利七世，密告其进攻佛罗伦萨需要注意的事项和佛罗伦萨防守的薄弱点。这个消息不胫而走，佛罗伦萨的人民都得知了此事，视但丁为叛徒，连白党也因此痛恨起但丁。五年后，随着亨利七世的去世，入侵佛罗伦萨的计划也因此不了了之，但丁重返佛罗伦萨的希望也随之落空。

1315 年，佛罗伦萨被军人掌权，他们宣布如果但丁愿意付罚金，并在头上撒灰、颈下挂刀游街一周，则可将其罪豁免。不过，但丁认为自己是无罪的，所以不接受提议，拒绝回国。

在外流亡的日子里，但丁去过意大利的几个城市，也曾去过法国。其间，但丁也结交了一些朋友，并从他们那里学到了很多知识。为打发孤苦的生活，但丁将时间倾注于阅读和写作，《神曲》就是在这期间开始创作的。

1317 年，但丁迁居至意大利北部拉文那，直至 1321 年，但丁去世，都没有再离开过那里。

但丁的作品特点

作品赞扬人性，已经出现了人文主义倾向，在神学观念根深蒂固的当时，是十分伟大的突破。作品充满浪漫的幻想和激情，同时也有充满智慧的评论和批判。

但丁的代表作

《神曲》

但丁在全诗中都以第一人称来描述，讲述了他误入森林后，被三只猛兽拦住了去路。在古罗马诗人维吉尔的灵魂的指引下，但丁穿越地狱、炼狱，一直到达天堂，见到了上帝。在这个过程中，但丁与许多已故去的名人，包括在地狱的坏人，进行了交谈。通过在这些地方的见闻和与名人的交谈，对神学问题进行了系统的阐释。

长诗中，但丁以现实人物和真实事件为原型，加入了他惊人的想象力，构架出地狱、炼狱、天堂，神学中三界的场景。

作品在复杂严谨的结构下，将梦幻、寓意、象征融为一体，是中世纪文学的一部里程碑式的作品。通过这部作品，表达了但丁对和平的向往和对民族统一的强烈愿望。

94. 彼特拉克 （1304—1374）

1304年7月20日，弗兰齐斯科·彼特拉克出生在意大利佛罗伦萨附近的阿雷佐。父亲原是著名的法律公证人，但因为政治原因，和但丁一起遭到了放逐，迁居至阿雷佐。

彼特拉克出生后与父亲一起过着颠沛流离的生活。直到1312年，一家人才迁居至法国南部的阿维农城。那里不仅是教皇的进驻地，对彼特拉克来说，最为重要的是那里位于风景如画的普罗旺斯地区。幼年时所经历的这一切和历经各地时所接触到的风俗，对彼特拉克产生了深远的影响。

因为父亲希望他继承法律事业，彼特拉克特意前往意大利的博洛尼亚学习法律。但他最为热衷的还是文学，尤其是古罗马时期的文学。在父亲去世后，彼特拉克放弃学法律，回到亚维农，成为了一名教士。在教堂工作时，彼特拉克对前来祈祷的劳拉一见钟情。但相识后，才知道劳拉已经结婚，嫁给了一名骑士。为此，彼特拉克只有将倾慕之心藏于心底，苦苦地暗恋着劳拉。随着岁月的流逝，彼特拉克对劳拉的爱恋之情有增无减。

彼特拉克在教堂工作了大约十七年，与红衣主教那私交甚好，并时常参加一些宗教活动，目睹了教会里的贪婪、虚伪等各种阴暗。其余的时间，彼特拉克则埋头于诗书。长时间的阅读、钻研使彼特拉克对宗教观和人文关怀有了进一步的理解。

1336年4月26日，彼特拉克和他的兄弟以及另外两个同行者爬到了温都克斯山的山顶。在那时，登山本身没有其他原因是不太寻常的，因此，这一天被认为是“阿尔卑斯主义”的诞辰日，他本人也被称为“阿尔卑斯主义之父”。

1341年，彼特拉克经过了三年的创作后，终于完成了让他名满欧洲的《阿非利加》。同年4月8日，彼特拉克在罗马的丘比特神殿，身着罗伯特国王赐给他的紫袍，在仪仗队的护拥下，由一位元老为他进行了加冕。

此后，彼特拉克在欧洲各地旅游，并随时吸取灵感，创作了大量诗篇。同时，他还收集古人的手稿，并发动大家挖掘寻找古罗马和古希腊的文化精髓。

彼特拉克一直暗恋着的劳拉在席卷欧洲的黑死病中死去。密切关注劳拉情况的彼特拉克得知这件事后痛不欲生。随后，他将自己的痛苦和怀念都融入诗中，创作了众多佳作。

后来，彼特拉克结识了比自己小九岁的薄伽丘。薄伽丘对其极其崇拜，两个人相谈甚欢，成为挚友。第二年，彼特拉克接受薄伽丘的邀请，前往佛罗伦萨大学讲学，主持学术讨论。为此，他辞去了教皇秘书的职务。在佛罗伦萨，彼特拉克和薄伽丘相互合作，共同进步，对古典文学有了更深入的研究。

1374 年 7 月，彼特拉克在阿克瓦去世，去世时，他在看维吉尔的手稿。因其一生宣扬人文主义，否定宗教，去世后，他的尸体被教会曝尸示众。

彼特拉克的作品特点

作品对十四行诗进行了改造，使其成为一种新的诗体，达到了完美的境界，被称为“彼特拉克诗体”，这对后世产生了深远的影响。诗歌隽永，饱含感情，善于借景抒情。

彼特拉克的代表作

《歌集》

这部诗集的主题主要由彼特拉克对劳拉的爱慕，对自然之美的热爱和称赞，以及少量的表达其希望祖国统一的政治抒情诗组成的。

诗人在诗集中表达了其渴望人类幸福和追求自由的同时，仍受到当时宗教的影响，在诗中仍能看到禁欲和轻视群众的痕迹。这是受当时历史和环境的制约，相比较而言，该诗集在思想上已经有了一定的进步意义。

95. 薄伽丘 （1313—1375）

乔万尼·薄伽丘是佛罗伦萨商人和一个法国女人的私生子，出生地不详。薄伽丘幼年丧母，随父亲一同来到佛罗伦萨。来到佛罗伦萨后，薄伽丘的父亲与一女子结婚，薄伽丘在严父和后母的冷酷中度过了童年。唯一值得庆幸的是，家境的富裕让他并没有吃多少苦，并受到了良好的教育，他对文学作品颇为沉迷。

薄伽丘成年后，被父亲安排到那不勒斯，先在一家银行学习经商，此后又学过法律和宗教。但薄伽丘对这些都提不起兴趣。不过，由于银行经管罗伯特国王的宫廷财务，薄伽丘因此有机会进入宫廷之中。在那里，他认识了许多人文学者、神学家和法学家，并接触到贵族骑士的生活。在他们的影响下，薄伽丘对古典文化和文学的兴趣愈加浓烈，同时，他被压抑的才华也得到了发挥的机会。

在来往宫廷之间时，薄伽丘认识了一个私生女玛丽娅。薄伽丘对玛丽娅产生了深切的爱慕，虽然这段感情因为种种原因没有开花结果，但玛丽娅成为薄伽丘心中完美的女性形象，在他今后的作品中都可以找到她的影子。

1336年左右，薄伽丘完成了他的第一部传奇小说《菲洛柯洛》。此后，薄伽丘从古典作品中吸取灵感，创作了叙事长诗《菲洛斯特拉托》和《苔塞伊达》。

由于银行破产，薄伽丘父亲的生意受到严重的冲击，经济陷入困境。薄伽丘也因此告别了悠闲自在的生活，回到佛罗伦萨。当时，佛罗伦萨正陷入激烈的政治斗争中。反对封建贵族阶级的薄伽丘始终站在共和政府一边，并担任政府的外交官员，与意大利其他城邦和教廷之间进行外交工作。同时，因其背景，薄伽丘在行会中担任管理财务的职务。

1350年，薄伽丘和彼特拉克相识。次年，薄伽丘邀请彼特拉克回到佛罗伦萨大学讲学，并主持学术讨论。彼特拉克回到佛罗伦萨后，两个人一同研究古典文学，友谊也日益深厚。

晚年的薄伽丘一心钻研古典文化，并致力于对《神曲》的诠释和讲解，完成了《异教诸神谱系》和《但丁传》两部最重要的作品。

1373年10月23日，薄伽丘带病参加了佛罗伦萨大学的《神曲》讨论会，并在会上发表了最后一次演讲。次年，契友彼特拉克逝世，薄伽丘为此伤心不已。

1375年，薄伽丘逝世。

薄伽丘的作品特点

作品刻画了数百个形象生动鲜活的人物，将意大利社会的各阶层人民进行了较为全面的展现，并在叙事的过程中加入了启迪性的说教。在客观描述的同时，也借鉴了古典文学里的各种传说，表达了对自由和幸福的向往和追求，进而对宗教的禁欲主义进行了谴责。

薄伽丘的代表作

《十日谈》

1348年，在欧洲肆虐的黑死病入侵佛罗伦萨，众人纷纷避难。作品以此为背景，讲述了十个前往乡村避难的年轻人，为了排遣时光，在十天里，每人讲一个故事的故事。

这些故事对虚伪的宗教教规和奸诈的教徒进行了无情的揭露和抨击，直言不讳地指出教廷就是一个充满罪恶的熔炉。同时，作品也展现了人民的智慧和毅力，对人类可以自主地追求自由和幸福，终将在各方面取得成就表达了坚定的信心。

96. 塞万提斯（1547—1616）

1547年，米盖尔·德·塞万提斯·萨阿维德拉出生于马德里附近的埃纳雷斯镇。因为家庭贫困，加之债务缠身，塞万提斯一家过得十分拮据。

在校学习期间，塞万提斯喜欢上了戏剧，开始了文学创作，并在他的语法教师出版的书籍中，发表了三首诗歌。但是，因为在决斗中刺伤了一个营

造师，塞万提斯被通缉，为此他逃往意大利。意大利的艺术风格影响了塞万提斯的创作，在他此后的作品中多有涉及。

后来，塞万提斯参军入伍，并在战争中英勇作战，以致左手致残。伤好后，塞万提斯又参加了几次远征。当他从那不勒斯回西班牙时，在途中被捕。其间塞万提斯有过四次潜逃，但都没有成功，直到家人付清赎金，才被释放。家人为了赎回塞万提斯而负债累累，为此，回到家后，塞万提斯开始努力找工作来补偿家用。此后，塞万提斯有过一次不成功的婚姻，为此他创作了《审理离婚案件的法官》，成为第一个在幕间短剧中涉及离婚的剧作家。

1585年，塞万提斯出版了他的第一部小说《加拉黛亚》。两年后，塞万提斯作为无敌舰队的临时代表出访了安达卢西亚，这条路线也成了小说《林孔内特和科尔塔迪略》中的路线。此后，塞万提斯当上了税吏，却因为经济原因被捕。在监狱期间，塞万提斯开始酝酿《堂吉诃德》。经过八年的创作后，《堂吉诃德》得以出版。在此期间，塞万提斯尝试了多种叙述方式完成的短篇小说集《训诫小说集》得以出版，这部作品也成为文坛的经典作品。《堂吉诃德》第二部的出版，奠定了塞万提斯在文学历史上的地位。虽然塞万提斯在《堂吉诃德》第二部出版的同时，还出版了试图比肩希腊经典的《贝雪莱斯和吉西斯蒙达历险记》，但这部小说完全被掩盖在《堂吉诃德》的光芒之下。

1616年，塞万提斯在马德里病逝。

塞万提斯的作品特点

小说对已衰退的文学潮流进行了嘲弄性的模仿，对经典的小说人物也进行了改编以达到嘲讽的效果，并由此形成了新的小说类型。

小说善于通过描述典型化的语言和行为来表现主人公的性格，塑造经典人物。小说结构并不缜密，但有发人深省的悲剧因素和滑稽夸张的喜剧因素，并在其中掺入了塞万提斯的世界观，加深了小说的深度。

塞万提斯的代表作

《堂吉诃德》

深爱骑士文学的堂吉诃德骑着一匹瘦马，拿着生锈的长矛，戴着破了洞的头盔，惩恶扬善发扬骑士精神。堂吉诃德将一个挤奶的姑娘想象成为主人，当他面对现实时，他都用幻想的骑士世界的方式来对待，这让他闹出了很多笑话，包括将乡村客栈当城堡，将客栈的老板当成城堡的主人，让老板封他为骑士，将羊群当军队而冲向羊群进行厮杀，甚至把罪犯当成受迫害的绅士而救了他们，结果被打成重伤。在朋友的努力下，他才被带回到了家中。

回到家中的堂吉诃德继续着他的骑士冒险，但屡遭失败，甚至差点丢掉了性命。经过这一番波折后，堂吉诃德终于认识到骑士小说都是无稽之谈，进而悔不当初。

堂吉诃德是一个疯狂可笑，但有着高度道德感、崇尚自由、反对奴役的英雄，他坚持正义并忠于爱情。堂吉诃德的这一系列特点，也恰好反映出文艺复兴时期旧的信仰向新的信仰过渡阶段的社会心态。作者以犀利的讽刺笔锋对西班牙的封建统治阶级进行了无情的鞭挞，揭示出教会的黑暗和人民的困苦。

97. 易卜生 （1828—1906）

1828年3月20日，亨利克·约翰·易卜生出生于挪威希恩的一个小康家庭，但不久之后，随着父亲陷入严重的抑郁，家庭状况急转直下，母亲则寄托于宗教信仰。这一境况对易卜生产生非常大的影响，他的戏剧创作中大多以此时的家庭状况为背景。

易卜生在十五岁时便离开父母，自力更生，

并于第二年开始了剧本的创作，用了六年才完成了第一个剧本，但没有获得上演的机会。而他创作的《墓地》被搬上舞台后，因为反响平平，他暂时中断了戏剧创作。

在朋友的推荐下，易卜生在卑尔根剧院担任编剧和舞台主任，他的职业戏剧家生涯由此开始。在此后的时间里，易卜生自己虽然没有写剧本，但因职务原因，参与过一百四十五部戏剧的创作，这使他对戏剧的创作有了深入的了解。

1859 年，易卜生结婚，但由于他离开了剧院，经济状况窘迫，五年后离开了挪威，前往意大利，并在那里住了二十七年。

来到意大利后，易卜生接连创作了两部戏剧《布兰德》(1866) 和《彼尔·英特》(1867)，并先后公开上演。这两部戏剧成为易卜生的成名作，并帮助他扭转了经济困境。

成功后的易卜生对戏剧创作有了自信，并开始尝试在戏剧创作中加入自己的思想和观点，进而形成他独有的"思想的话剧"。从此，易卜生的戏剧创作进入了黄金期，扬名欧洲。

1891 年易卜生回到挪威首都奥斯陆。1900 年易卜生中风，久治不愈，六年后去世。

易卜生的作品特点

作品取材于现实，毫不留情地揭示了现实中存在的问题。在戏剧中，好人不一定得到好报，坏人也不一定受到惩罚，颠覆了之前的戏剧模式。

易卜生的代表作

《玩偶之家》

娜拉在丈夫海尔茂病重期间，为了给丈夫治疗，偷偷工作，并冒险借钱。而借给她钱的正是丈夫手下的员工柯洛克斯泰，此时的柯洛克斯泰正面临着失业的危险。柯洛克斯泰知道娜拉在借钱时冒充了他垂死的父亲的签名后，以此为要挟，让娜拉帮助他向海尔茂求情，保住职位。但海尔茂并不同意。柯洛克斯泰准备揭发娜拉的行为，绝望的娜拉想一死了之。

当海尔茂知道这事后，怒斥娜拉是一个不道德、不诚实的女人，而要与她离婚。就在此时，柯洛克斯泰决定把证据送还给娜拉，并承认自己的做法是不道德的。知道自己不再受到威胁，海尔茂又劝娜拉与他和好。但正是这前后强烈的差别，让娜拉对海尔茂感到失望，也意识到自己就像一个玩偶一样，得不到同情和关爱，于是坚决地拒绝了复合的要求。

作品对当时的婚姻中的男女关系进行了尖锐的抨击，提出女人要追求平等的地位和自由的权利。

98. 泰戈尔 （1861—1941）

1861年5月7日，拉宾德拉纳特·泰戈尔出生于印度的加尔各答。泰戈尔的家中有着良好的文化氛围，这使得泰戈尔自幼便对文学产生兴趣，八岁便开始创作诗歌，并于十五岁发表了第一首长诗《野花》，十七岁发表了叙事诗《诗人的故事》，同年赴英国伦敦大学学院留学。

回国后，泰戈尔专门进行文学创作。此后，泰戈尔担任过梵社秘书。1886年，泰戈尔出版《新月集》，这部作品中的许多诗歌成为印度学校中的必选文学教材。在叶芝的鼓励下，泰戈尔将他的《吉檀枷利》译成英语，并借此获得1913年的诺贝尔文学奖。在创作诗歌之余，泰戈尔还进行小说创作，是印度中短篇小说的创始人。

为抗议1919年4月13日英国军队在阿姆利则的札连瓦拉园向印度人民开枪屠杀的行为，泰戈尔拒绝了英国国王授予的骑士头衔，也是第一个拒绝这一头衔的人。同时，泰戈尔也反对英国在印度推行的死背书的、不与大自然接触的教育制度，并为此创办了国际大学。

1941年，泰戈尔在去世前，写下了遗言《文明的危机》，控诉了英国殖民统治，并对祖国终将获得独立表达了信心。同年8月7日，泰戈尔与世长辞。

泰戈尔的作品特点

诗歌作品对各地的风格和文化有了深入的了解和比对，因此，对不同文化的描述也格外细腻，充满鲜明的特色。作品华美、神秘，充满感情。诗歌阐述了泰戈尔深刻的宗教和哲学见解。他希望所有人都可以过上和平的生活，但因为他处于殖民环境，所以作品流露出淡淡的伤感和绝望。

小说作品多取材于孟加拉河流域，对当时的殖民统治和封建道德习俗进行了抨击。

泰戈尔的代表作

《吉檀迦利》

“吉檀迦利”意为“献诗”。这部诗集表达了泰戈尔对宗教的敬意。如“把礼赞和数珠撇在一边罢”、“他是在锄着枯地的农夫那里/在敲石的造路工人那里/太阳下，阴雨里/他和他们同在/衣袍上蒙着尘土”这些诗句，歌颂了万物化成一体的泛神，指出其是人人皆可亲近、有极强平民色彩的存在。作品风格轻快、自然，将生活的苦乐悲喜进行了诗化，同时也表达了泰戈尔对祖国未来的关怀。

《飞鸟集》

在这部诗集中，泰戈尔运用了大量的比喻、拟人来称赞爱情的美好与伟大。此外，让天空和大海对话，指出世界和自然都是人性化的，万物有它们自己的思考。作品对世间的男女之爱、母子之爱、人与自然的爱，进行了深刻的探索。同时，通过“群星不怕显得像萤火虫那样”这样的诗句，道出了人生的哲理和智慧的光芒。

99. 卡夫卡 （1883—1924）

1883 年，弗兰茨·卡夫卡出生于奥匈帝国统治时期的布拉格。父亲赫尔

曼是一个成功的犹太商人，他对子女的管教十分严厉。卡夫卡与父亲的关系极不融洽，这导致他形成了忧郁孤独的性情，并将此直接反映到他的文学作品中，如以父子关系为主题的《司炉》。

卡夫卡读完高级文科中学后，进入布拉格德语大学，攻读文学，却在父亲的强迫下，改为攻读法律。但卡夫卡仍坚持着自己的文学梦，并于1904年开始发表小说。

在获得法学博士学位后，卡夫卡先后在布拉格刑事法庭和民事法庭实习。卡夫卡进入布拉格劳工事故保险公司供职期间，创作了《观察》。因为肺病，卡夫卡的这几份工作都没干太久，便辞职了。此后的时间，卡夫卡或与好友经常出国旅游，或去苏黎世进行疗养。

1912年，卡夫卡进入了创作的爆发期，《判决》《变形记》相继问世，并从此形成了他独特的创作风格。同年8月，卡夫卡结识菲莉丝·鲍威尔并开始了两人间纠结的爱情长跑。两年后，卡夫卡与菲莉丝·鲍威尔在柏林订婚，写下了《城堡》的第一稿。8月，第一次世界大战爆发，卡夫卡为妹夫的工厂而操心。同时，因为他与菲莉丝·鲍威尔的好友有了暧昧的关系，导致他们两个人解除了婚约。同年，卡夫卡开始写作《审判》《失踪者》。

接着，卡夫卡与菲莉丝·鲍威尔进行了第二次订婚。但此后，卡夫卡的健康情况每况愈下，甚至出现了咯血的状况。最终，卡夫卡的病情确诊为肺结核，他前往妹妹家疗养。三个月后，卡夫卡与菲莉丝·鲍威尔第二次解除婚约。

卡夫卡在三十六岁时创作了堪称向“父辈文化”宣战的檄文《致父亲》。次年，卡夫卡因为肺病停止了一切活动，并回到布拉格。

1924年4月，肺病晚期的卡夫卡住进了维也纳森林疗养院。同年6月3日，卡夫卡逝世，被葬于布拉格的一个公墓。他的作品生前多未发表，死后由其好友，布拉格著名作家马克斯·布罗德整理出版。

卡夫卡的写作特点

作品继承和发展了德语文学史上的“逸事风格”，创作了大量超短篇，即

“微型小说”。作品放弃了德语语言的习惯用法，创造了新的叙述语言和结构，并引入了哲学思考，对人类存在的焦虑感等问题进行了哲学式的探索。

作品以暗示、象征、荒诞等创作手法表达了卡夫卡自身所感受到的孤独、荒诞和恐惧感，画面感强烈，感情激烈，表面荒诞，但其内在包含真实的感情和发人深省的含义。作品以底层人物为主人公，他们的生活孤独、彷徨，看不到希望。

卡夫卡的代表作

《城堡》

《城堡》是卡夫卡最具特色、最重要的长篇小说。小说讲述了土地测量员K前往某城堡上任。但当他来到城堡时，却因为不知名的原因一直没有得到任命，而且也进不到城堡内。为此，K一直试图联系城堡的负责人，负责人只给他安排了两个碍事的助手，而K却始终不清楚到底谁是负责人。直到小说的结尾，K也没有进入城堡。在作品中，城堡象征了权力和国家机器，它对人民百姓构成了致命的威胁。

小说融入了卡夫卡一生的思考，对资本主义的社会结构和人与人之间的关系做了深刻的剖析，充满象征意义。

100. 马尔克斯 （1928—）

1928年，加西亚·马尔克斯生于哥伦比亚的小镇亚拉卡达加。1947年，马尔克斯进入哥伦比亚大学，在大学期间，马尔克斯广泛阅读西班牙黄金时代的诗歌，同时开始文学创作。一年后，马尔克斯因为内战而辍学，并进入报界，当了一名记者。此后，马尔克斯移居至墨西哥，从事文学创作。虽然出版发表了不少作品，在拉丁美洲文坛内有些名气，但直到1966年《百年孤独》的出版，马尔克斯才享誉世界文坛，成为魔幻现实主义最具代表性的人物。作品一经出版，便在国内引起了轰动，并迅速红遍西班牙语世界，甚至获得了欧洲的文学奖项。1972年，马尔克斯获得了拉丁美洲最高文学奖“加列戈斯文学奖”。但为了抗议智利政变，马尔克斯于1975年，在他文学创作的高峰时宣布封笔五年。

1982年，马尔克斯因“融幻想与现实为一体，勾画出了一个丰富多彩的梦幻般的世界，反映了拉丁美洲大陆的生活和斗争”获得诺贝尔文学奖，并担任法国西班牙语文化交流委员会主席。因为哥伦比亚发生地震，马尔克斯重新回到了祖国。

1999年，马尔克斯得了淋巴癌，受化疗等因素的影响，马尔克斯已很少进行创作。现今，马尔克斯又患上老年痴呆症，可能无法再进行创作了。

马尔克斯的作品特点

作品中加入传说、神话和《圣经》中的片段，并将这些事转化成为现实中发生过的事，使得作品充满魔幻氛围。小说中使用了大量的象征主义手法，寓意深刻。

马尔克斯的代表作

《百年孤独》

何塞·阿尔卡蒂奥·布恩迪亚和妻子乌苏拉是表兄妹，布恩迪亚的叔叔和乌苏拉的姑姑结婚曾生下一个长着猪尾巴的儿子，因为怕近亲结婚会生出长尾巴的孩子，而拒绝与妻子同房。这事遭到了邻居的嘲笑，愤怒之下，布恩迪亚杀死了邻居。死去的邻居灵魂不散，使得布恩迪亚不得安宁，只好离开家乡。在一个梦的启示下，他带着家人来到马孔多镇。在马孔多镇，热爱探索、渴望得知外面世界的布恩迪亚不断研究新的技术，并试图打通马孔多镇与外界的联系。以失败告终的布恩迪亚最终疯掉，而被绑在了树上，直至去世。

布恩迪亚的长子阿尔卡蒂奥放荡不羁，最终被人暗杀。次子奥雷里亚诺同样风流成性，在参加内战期间私生子无数，但当他的这些孩子来马孔多镇找他的时候全被打死了。躲过无数次暗杀的奥雷里亚诺最终沉迷于炼金术，直至去世。女儿阿玛兰塔的感情生活也不如意，甚至与侄子发生了乱伦，最后靠缝制寿衣度日。

布恩迪亚家族的第三代两兄弟同样叫阿尔卡蒂奥和奥雷里亚诺。阿尔卡迪奥因为不知亲生母亲是谁，而爱上了母亲。而奥雷里亚诺则成为了军队长官，但因为贪赃枉法而被击毙。奥雷里亚诺则爱上了自己的姑母阿玛兰塔，因为这段爱情没有结果而去参军，最终死于战乱。

家族的第四代人中，出了个美人雷梅苔丝，因为貌美而令几个男人为其丧生。美貌的雷梅苔丝只有一个嗜好，便是洗澡，最后在晾晒衣服的时候被刮到了天空之中。而她的弟弟阿尔卡蒂奥参加了工人罢工，此后罢工被血腥镇压，阿尔卡蒂奥虽然幸存，但因恐惧，至死都待在房间里研究吉卜赛人留下的羊皮手稿。奥雷利亚诺虽然也四处风流，并嗜酒成性，但他的日子却出奇的好，最后在疼痛中与阿尔卡蒂奥同时死去。

家族第五代中的阿尔卡蒂奥爱财如命，最终被歹徒杀害。雷梅苔丝则与爱人偷情，不幸的是，他们被雷梅苔丝的母亲发现，母亲将她的爱人打死，而已有身孕的雷梅苔丝则被送至了修道院。最小的乌苏拉性格活泼，立志改变马孔多镇死气沉沉的状况。

家族的第六代中，奥雷里亚诺是个私生子。他一直沉迷于研究神秘的书籍和手稿，对中世纪的事研究颇深。但他对姨母乌苏拉产生了深深的爱恋，最终发生了乱伦的关系，虽然这种关系让他们痛苦，但他们仍坚信他们生出了家族中唯一一个因为爱而诞生的生命。乌苏拉因为产后大出血而去世。而他们的孩子，不仅长着一条猪尾巴，还被一群蚂蚁吃掉了。奥雷里亚诺最终破译出了手稿上的内容，而内容竟是他们一家人的命运，也就在这个时候，马孔多镇被风从地球上刮走了。

小说通过描写马孔多镇上布恩迪亚家族七代人的生活，选用代表性的人物和事件，概括了哥伦比亚的历史。作品跨越百年历史，人物众多，哥伦比亚发生的如政变等重要事件，再加上诸多神奇的情节使这部作品变幻莫测，具有史诗的厚重。

通过这部小说，马尔克斯表达了对拉丁美洲的命运的关注，同时也对生活在拉丁美洲上的民众的生命力表达了尊敬之意。